Ursula Drews
Anfänge

Ursula Drews
Anfänge
Lust und Frust junger Lehrer

studium kompakt

Cornelsen
SCRIPTOR

Mit Zeichnungen von
Manfred Bofinger, Berlin

 http://www.cornelsen.de

Gedruckt auf chlorfrei gebleichtem Papier
ohne Dioxinbelastung der Gewässer.

Die Deutsche Bibliothek – CIP-Einheitsaufnahme

Drews, Ursula:
Anfänge : Lust und Frust junger Lehrer / Ursula Drews. –
Berlin : Cornelsen Scriptor, 2002
 (Studium kompakt)
 ISBN 3-589-21634-4

Dieses Werk berücksichtigt die Regeln der reformierten Rechtschreibung und Zeichensetzung.

5.	4.	3.	2.	1.	Die letzten Ziffern bezeichnen
06	05	04	03	02	Zahl und Jahr der Auflage.

© 2002 Cornelsen Verlag Scriptor GmbH & Co. KG, Berlin
Das Werk und seine Teile sind urheberrechtlich geschützt. Jede Verwertung in anderen als den gesetzlich zugelassenen Fällen bedarf deshalb der vorherigen schriftlichen Einwilligung des Verlags.
Redaktion: Marion Clausen, Göttingen
Umschlaggestaltung: Vera Bauer, Berlin
Layout und Herstellung: FROMM MediaDesign GmbH, Selters/Ts.
Druck- und Bindearbeiten: Clausen & Bosse, Leck
Printed in Germany
ISBN 3-589-21634-4
Bestellnummer 216344

Inhalt

Vorwort 9

TEIL I
Drei Kapitel zum Aufregen

1 Wer hat das beste Los gezogen?
Drei Fälle, drei Welten, drei Handlungsperspektiven –
Anfänge in unterschiedlichen Professionen 13
Sandra, die angehende Ärztin 14
Wilhelm, der angehende Jurist 15
Anja, die angehende Lehrerin 16
Darf man die drei vergleichen? 17
Sollte sich Anja ärgern? 19
Drei Fälle, drei Welten … 19
Literatur 20

2 Über Defizite spricht man (unter Pädagogen) nicht …
Warum aber hat Ratschlagliteratur Hochkonjunktur? 21
Sind Defizite etwas Verwerfliches? 22
Gehören Defizite zur Normalität des Lebens
von Berufsanfängern? 23
Wer oder was ist schuld an Defiziten? 24
Helfen Ratschläge anderer bei der Überwindung
von Defiziten? 26
Mit Ratschlägen für Junglehrer wurde selten gegeizt 28
Literatur 29

3 Eine Anleihe bei Hermann Hesse:
Und jedem Anfang wohnt ein Zauber inne … 31
Warum wird kaum über den Zauber des Berufsanfangs
gesprochen? 32
Das Problem der Favorisierung von Anpassungsverhalten 34
Der Vorteil des Erwerbs langfristiger Strategien 35
Langfristigkeit und Spontaneität – zur weiteren
Entwicklung gehört beides 37
Lebenslang an der Schule? 38
Literatur 39

Inhalt

TEIL II
Acht Kapitel zum gemächlichen Lesen und Drüberreden

4 Die Zeit als Feind?
Vernünftiger Umgang mit Zeit ist lebenswichtig
und erlernbar 43
Lehrer haben wenig Zeit – junge Lehrer noch weniger 44
Beispiele aus dem Alltag von Berufsanfängern 45
Ein Analyseversuch 48
Tempo muss sein, aber auch der Mut zum Verweilen
ist wichtig 50
Zeitmanagement erlernen – was gehört dazu? 52
Grundqualifikationen, Aufbauqualifikationen, Kür 53
Literatur 54

5 Lernen gehört zum Beruf
Aber wie lernt man als Erwachsener? 55
Lernen beginnt mit Vergessen? 56
Über Qualen und Freuden, einen eigenen Weg des
Lernens zu finden 57
Ein Check: eigene Stärken, eigene Schwächen 59
Über die Befreiung von erworbenen Abhängigkeiten 61
Das Problem der Lernverweigerung von Lehrern 63
Die Schwierigkeiten des Rollenwechsels bei jungen Lehrern 65
Lernen wie Erwachsene – was gehört dazu? 65
Grundqualifikationen, Aufbauqualifikationen, Kür 65
Literatur 67

6 Wie wirke ich auf Schüler?
Es heißt, der Lehrer solle natürlich sein … 69
Falsche Annahmen – falsches Verhalten? 71
Das Lehrerbild der Schüler – für die Schüler sind Sie kein
unbeschriebenes Blatt 72
Ich bin ich – oder nicht? 75
Lernen, sich zu präsentieren – warum? 77
Der Lehrer als Schauspieler? 78
Danebengegangen – für immer irreparabel? 80
Um Wirkung wissen und Wirkung erzielen –
was gehört dazu? 81
Grundqualifikationen, Aufbauqualifikationen, Kür 81
Literatur 83

Inhalt

7 Zur Methodenmonotonie lebenslang verurteilt?
Normalitäten, Klippen, Umgangsweisen damit 85
Der Festigungseffekt der Anfangsphase 86
Methoden-Klippen der Anfangsphase (I) 87
Gibt es Chancen, das offene Wasser (wieder) zu erreichen? 89
Methoden-Klippen der Anfangsphase (II) 93
Reflektierte Praxis – und alles wird gut? 95
Ein Beispiel aus einer anderen Welt? 96
Klippenmanagement – was gehört dazu? 97
Grundqualifikationen, Aufbauqualifikationen, Kür 97
Literatur 99

8 Disziplin in der Klasse
Wunsch des Anfängers und Albtraum zugleich 101
Das Ansehen von Lehrern – wovon wird es seit
Jahrhunderten bestimmt? 102
Beispiele, Möglichkeiten, Gründe und Hintergründe
einer erträglichen Disziplin 104
Ein Exkurs über die Macht und die Hilflosigkeit von Lehrern 106
Der Berufsanfänger zwischen Kumpelhaftigkeit und Intoleranz .. 108
Halte ich die undisziplinierten und aufmüpfigen Schüler aus? 109
Weniger ist mehr 110
Disziplin möglichst auf Dauer – was tun? 111
Grundqualifikationen, Aufbauqualifikationen, Kür 111
Literatur 113

9 Den heimlichen Lehrplan ignorieren?
Folgen und Probleme 115
Heimlicher Lehrplan? Nie gehört! 116
Der heimliche Lehrplan – Charakteristika, Beispiele,
Wirkungen 117
Analysieren, Ordnen, Handeln 119
Wie mit dem heimlichen Lehrplan umgehen? 121
Grundqualifikationen, Aufbauqualifikationen, Kür 121
Literatur 122

10 Der Hang zur Vollkommenheit bei pädagogischen Anfängern
Unvollkommen – und dennoch gut sein? 123
Selbstausbeutung bis zur Selbstaufgabe – macht das Sinn? 124
Einige Beispiele und Erscheinungsformen des Hangs zur
Vollkommenheit 125

Jeder hat das Recht auf einen Irrtum 128
Nicht vollkommen und dennoch gut sein –
was gehört dazu? 129
Grundqualifikationen, Aufbauqualifikationen, Kür 130
Literatur 131

11   Es gibt sie leider auch: die richtig dummen Fehler ...
Ein Versuch ihrer Verortung 133
Fehler aus unterschiedlicher Perspektive 134
Da steh ich nun, ich armer Tor? 135
Eindimensionalität im Denken und Handeln und
das Vermeiden von Unsicherheiten 136
Unterricht ohne Schüler? 137
Abwertendes Verhalten gegenüber Kollegen? 140
Ist die Schule als Institution durchschaubar und
bin ich für meine Fehler selbst verantwortlich? 140
Nur der Betroffene allein kann etwas verändern? 141
Ich helfe mir selbst, ich helfe anderen, andere helfen mir 142
Grundqualifikationen, Aufbauqualifikationen, Kür 142
Literatur 143

Teil III
Zwei Kapitel zum Resümieren und Reüssieren

12   Resümieren des Textes?
Das brauche ich doch nicht! 147
Bilanzen sind gar nicht so schlecht 148
Hilfe zur Selbsthilfe – gilt das auch für Lehrer? 150
Literatur 151

13   Reüssieren als mögliche Folge?
Erfolgreich zu sein ist Pflicht? 153
Zum Erfolg sind nur wenige geboren? 154
Aufgeben oder durchhalten? 155
Lässt sich der Preis für das Durchhalten drücken? 156
Zum Erfolg ohne Angst vor Stolpersteinen 157
Literatur 159

Vorwort

Liebe junge Lehrerinnen
und Lehrer,

dieses Buch soll dreierlei: Es soll Ihre Sachkenntnis weiter befördern. Es soll Sie ermutigen. Und es soll Sie verunsichern!
Die letzte Aussage mag Sie vielleicht irritieren. Das macht nichts; das ist so beabsichtigt. Am Ende des Buches werden Sie mir vielleicht zustimmen, vielleicht sogar in einer in Grenzen erfolgten Verunsicherung einen Gewinn sehen. Dass ich Sie nicht nur verunsichern werde, gebietet mir mein eigenes Berufsethos.

Zur Sache:
Das Buch ist in drei größere Teile gegliedert, wovon der zweite für Sie wahrscheinlich der wichtigste ist. Der erste jedoch ist aus meiner Perspektive nahezu ebenso wichtig, denn er soll Ihnen nahe legen, sich von einigen verbreiteten Vorstellungen von Leben und Arbeit junger Lehrer zu verabschieden oder diese zumindest kritisch zu hinterfragen. Der dritte Teil bietet Ihnen manches vorher Ausgeführte in zusammengefasster Form nochmals, hilft Ihnen beim Sortieren und Prüfen Ihrer eigenen Probleme.

Der I. Teil umfasst drei Kapitel. Hier wird zunächst der Blick auch auf andere Anfänger im Beruf, nicht nur auf Lehrerinnen und Lehrer gerichtet. Eine Besichtigung von Defiziten junger Lehrer schließt sich an. Dabei bleibt es aber nicht, auch in allen weiteren Kapiteln des Buches nicht: Ich möchte gern mit Ihnen ein wenig über das nachdenken, worüber in der Regel nur allgemein gesprochen wird: über den Zauber eines Berufsanfanges. Den sollten Sie sich trotz aller Probleme von niemandem zerstören lassen!

Im II. Teil werden die Probleme aufgegriffen, mit denen junge Lehrer vorrangig befasst sind. Suchen Sie sich aus, was für Sie besonders zutreffend ist: Wollen Sie wissen, wie Sie auf Schüler wirken oder wie Sie mit der Zeit besser zurechtkommen oder wie Sie zu besserer Disziplin im Unterricht kommen könnten, ob Sie eventuell verurteilt sind, ein Leben lang nach dem gleichen Stil zu unterrichten usw. Ein Kapitel beschäftigt sich in diesem Teil mit Fehlern. Nicht mit den völlig normalen Fehlern eines Anfängers, sondern es greift vielmehr solche auf, die sich als großes Ärgernis erweisen und die man am liebsten ungeschehen machen möchte ...

Vorwort

Die Aussagen in diesem Teil werden gekoppelt mit einigen Handlungsanregungen zu jedem Kapitel, die ich aus pragmatischen Gründen in Grundqualifikationen, Aufbauqualifikationen und Kür untergliedert habe. Hinzu tritt jeweils ein Zitat, das den betreffenden Sachverhalt aufgreift, vertieft und zugleich unter anderer Sicht transparent werden lässt.

Der Hauptgedanke im III. Teil ist der der möglichen Hilfe zur Selbsthilfe für junge Lehrer und das Problem von Durchhalten oder Aufgeben.

Mitgedacht, mitgelesen, mitgeschrieben und kritisiert haben Karin Köntges, Heike Lichtblau, Sandra Glowinski und Christoph Schneegass. Ihnen danke ich sehr.

Mich selbst beschäftigt die Thematik „junge Lehrer" schon seit längerem. Ich habe viele Jahre lang Gruppen junger Lehrer betreut. Ich arbeite an der Universität Potsdam mit Lehrer-Studenten, also solchen Menschen, die einmal die zukünftigen jungen Lehrer sein werden, und mit Referendaren habe ich aus unterschiedlicher Perspektive auch schon gearbeitet.

Ursula Drews
Mai 2002

Teil I

Drei Kapitel zum Aufregen

1. Wer hat das beste Los gezogen? Drei Fälle, drei Welten, drei Handlungsperspektiven – Anfänge in unterschiedlichen Professionen

▶ Drei helfende beziehungsweise personenbezogene Dienstleistungsberufe werden ins Visier genommen. Wie sieht der Anfang im jeweiligen Beruf aus? Lassen sich die Anfänge miteinander vergleichen? Wer „is the winner" – oder gibt es den nicht? ◀

Teil I   Drei Kapitel zum Aufregen

Anja, Wilhelm und Sandra sind viele Jahre lang gemeinsam zur Schule ge-
gangen. Das Abitur haben sie im gleichen Jahr bestanden. Gut bis glän-
zend. Studienplätze haben sie auch bekommen – jeder sogar den, den er wollte.
Seit kurzem sind sie fertig, haben Referendariat oder Assistenzzeit hinter sich
gebracht und beginnen – wie es so schön heißt – auf eigenen Füßen zu stehen.
Stehen sie wirklich? Und wenn – wie stehen sie?[1]

Sandra, die angehende Ärztin

Ihre Assistenzzeit hat sie in einem bekannten Krankenhaus absolviert. Sie hat
Unfallopfer versorgt, Angehörige beruhigt, Nachtdienste geschoben. Sie hat gelernt, mit wenig Schlaf auszukommen, nahezu alle persönlichen Bedürfnisse
zurückzustellen. Sie hat versucht, keine idealisierte Arztrolle zu spielen, und sie
hat am Gewinn eigener Authentizität gearbeitet. Sie hat es geschafft, die all-
mächtige Oberschwester zu akzeptieren und die schnippische Stationsschwes-
ter ernst zu nehmen und nicht zusätzlich zu reizen. Sie wurde Glied einer Hie-
rarchie, die sie bisher so nicht kannte. Dass Arbeit und Arbeitsordnung ihren
Traum, einmal eine gute Ärztin zu werden, zerstört hätten, konnte sie nicht sagen. Dazu war ihre Ausbildung an der Uni zu solide gewesen, ihr eigener Wille
zu stark, auch ihre Fähigkeit zu Selbstreflexion schon in Ansätzen zu gut aus-
geprägt. Und noch war sie fähig, Freude an dem zu empfinden, was ihr gelungen war.

Aber wie sollte es weitergehen? Zunächst wollte sie unbedingt ihren „Fach-
arzt machen“. Doch als Realistin wusste sie auch, dass das Überangebot an Ärzten sie vielleicht chancenlos lassen würde. Sie wusste auch um manch unseriö-
ses Angebot, das junge Ärzte erhielten („Zahlen sie 45.000 auf ein Konto, ich
stelle sie gern ein. Sie haben auch Übernahmechancen zur Facharztstelle.“
Héon-Klein 1999, S. 2). Und sie wusste, dass ein Studium keineswegs einen sicheren (und dazu vielleicht noch lebenslang sicheren) Job garantiert.

Da hatte sie Glück: Ein alter Arzt gab seine Praxis auf. Sie bekam einen Kre-
dit von der Bank. Mit 150.000 Euro Schulden begann sie ihren ganz persönlichen Start in das Medizinerleben. In den ersten Wochen konnte sie wegen ihrer
Schulden nicht schlafen. Allmählich lernte sie, damit umzugehen. Vor allem
lernte sie zu planen ...

Heute trifft sie sich mit Ärzten in ähnlichen Situationen. Die gemeinsamen
Gespräche, auch über den Umgang mit Forderungen der Krankenkassen, not-

---

1 Wie jetzt zuweilen üblich, ziehe ich mehrere helfende beziehungsweise personenbezogene
Dienstleistungsberufe für meinen Überblick heran.

falls über die Absprachen mit Anwälten, aber auch das gemeinsame Feiern, helfen allen. Ein Allheilmittel sind sie zwar nicht. Natürlich nicht. Verantwortung trägt jeder für sich allein. Aber jeder weiß, dass da welche sind, denen es ähnlich ergeht wie ihm selbst.

Wilhelm, der angehende Jurist

Das Referendariat hat er bewältigt, das Zweite Staatsexamen bestanden! Nicht mit besonders glänzenden Noten, da man sich in einigen Bundesländern mit der Vergabe guter Noten schwer tut. Sagt Wilhelm. Warum auch immer – das soll nicht unser Gegenstand sein. Außerdem befinden sich Referendariat und Zweites Staatsexamen ohnehin in der Diskussion, da im Staatsdienst gar nicht mehr so viele Stellen für Juristen vorhanden sind, die diese Art von Ausbildung noch rechtfertigte. Stattdessen wächst der Markt für Juristen mit speziellen Kenntnissen – etwa für Europajuristen, Wirtschafts- oder Datenjuristen (vgl. LEMKE 2000, S. VI). Wilhelm hat quasi noch die klassische Laufbahn absolviert: Student – Referendar – Assessor. Und auch er hatte großes Glück: Er fand als junger Anwalt Aufnahme als Partner in einer Sozietät.

Die großen Fälle hat er dort nicht auf seinem Tisch. Aber er lernt, auch die kleinen ernst zu nehmen. Er lernt gründlich zu arbeiten. Er lernt seine Zeit einzuteilen: Bei aller Gründlichkeit – an einer Akte kann man sich nicht ewig festhalten.

Und noch etwas lerne er, sagte er bei einer Begegnung. Er lerne, weil seine Partner darauf größten Wert legten, wie er mit Mandanten sprechen müsse. Natürlich habe das Mandantengespräch schon bei seiner Ausbildung an der Universität eine gewisse Rolle gespielt. Aber jetzt sei das doch etwas völlig anderes für ihn. Er lerne, was es bedeute richtig zuzuhören, einen „kontrollierten Dialog" zu führen, ein Gespräch ordentlich abzuschließen. Und er genieße seinen eigenen Gewinn an Sicherheit.

Was unter Studenten kontrovers diskutiert wurde, bei einigen sogar völlig verpönt war, lerne er auch neu zu sehen: die Nützlichkeit eines Netzwerkes persönlicher Kontakte (vgl. EBENDA, S. 57 f.). Berater und Gesprächspartner unterschiedlicher Professionen, die Geborgenheit der Familie, in der er gegebenenfalls auch einmal „aufgefangen" werden könne (und weniger mit finanziellen Mitteln als mit mentaler Unterstützung) – all das habe jetzt in seinem Kopf einen anderen Stellenwert.

Wilhelm lernt weiter. Jetzt hat er den Entschluss gefasst, seine berufliche Laufbahn in einem anderen Land fortzusetzen. Vielleicht in China? Er macht sich kundig.

Im Übrigen: Finanziell steht er als junger Anwalt nicht besonders da.

Anja, die angehende Lehrerin

Anja hielt die Regelstudienzeit fast ein. Da ihr Abschluss in die Zeit des Generationenwechsels an den Schulen fiel, wurde sie nach dem Referendariat in den Schuldienst übernommen. Allein vor den Klassen x, y und z stehend, wartete sie auf den viel beschworenen Praxisschock. Er kam nicht. Nach ein paar Monaten schob sie das Problem zur Seite. Vielleicht waren in ihrer Ausbildung Theorie- und Praxismomente gut gemixt gewesen, sodass ihr ein klassisches Schockerlebnis erspart blieb? Oder ist die „Theorie" vom unausbleiblichen Praxisschock vielleicht selbst überholungsbedürftig? Sind zumindest Differenzierungen erforderlich? Oder war sie selbst robust genug, die Anfangszeit ohne großen Schaden zu überstehen?

Dennoch hat Anja Probleme. Viele sogar. Ihre Handlungsfähigkeit war und ist oft eingeschränkt. Handlungsunfähig – charakteristisch für Menschen, die einen Schock haben – war sie aber nie.

Anja unterrichtet in sieben Klassen, in zwei von ihnen mit je einem Ein-Stunden-Fach. Sie unterrichtet in vier Fächern, ausgebildet ist sie allerdings nur in zwei davon. Zwei musste sie noch hinzunehmen, weil es einen Ausfall an ihrer Schule gab. Sie muss hier besonders büffeln, da sie von diesem Unterrichtsstoff kaum etwas versteht. Anja hat viele Arbeiten zu korrigieren und viele Probleme mit sich selbst zu bewältigen: zum Beispiel ob sie „richtig" bewertet, das Anforderungsniveau angemessen bestimmt, streng, aber auch gerecht genug ist. Denn das hatte sie während der Ausbildung immer wieder gehört: Ein Lehrer[2] muss streng, aber gerecht sein!

Die Hälfte der Schüler findet Anja nett, ein Viertel der Schüler hält sie für erträglich, das andere Viertel mag sie nicht und zeigt das mehr oder weniger offen. Da sich Zustimmung, Ablehnung und gemäßigte Toleranz auf die einzelnen Klassen unterschiedlich verteilen, lernt Anja allmählich damit zu leben.

Mit dem Kollegium an der Schule kommt sie zurecht. Die älteste Kollegin der Schule kümmert sich ein bisschen um Anja. Viele Bücher hat sie schon von ihr erhalten, noch wichtiger aber sind die vielen kleinen und großen Tipps für ihren Unterricht, mehr aber noch solche für den Umgang mit ihren Schülern Franziska, Sebastian oder deren Müttern.

Manchmal wünscht sie sich einen festen Gesprächskreis, der sich in regelmäßigen Abständen triff, sich fortbildet (vgl. TERHART 2000, S. 127 f.), Probleme bespricht oder einfach miteinander feiert. Aber andere in ihrer Situation sind da

---

2 Wegen der besseren Lesbarkeit schreibe ich nachfolgend nunmehr in der Regel von **Lehrern** und meine damit sowohl Frauen als auch Männer. Analog halte ich es mit Schülerinnen und Schülern, meine beide, wenn von **Schülern** die Rede ist.

wohl nicht so bedürftig. Warum eigentlich nicht? Sind junge Lehrer anders als junge Mediziner? Oder nur ein bisschen anders?

Anja schläft genauso wenig wie Sandra, die junge Ärztin. Aber nicht, weil sie einen festgelegten Dienst – auch nachts – hat, sondern weil sie sich diesen Dienst selber „macht". Manchmal kommt sie nicht los von Franziskas oder Sebastians Problemen. Oder auch von der Überfülle des Stoffes, den sie unterrichten soll, aber noch nicht richtig gewichten kann. Oder auch von den kleinen „Spitzen" im Kollegium. Oder sie grübelt über sich selbst nach. Im Großen und Ganzen aber ist das alles für sie ganz normal, obwohl …

„Ist das nun schon mein Lebenstrott?", denkt sie zuweilen. Ihre Stelle ist sicher. Sie gehört noch zu der verbeamteten Generation. Sie verdient auch nicht schlecht; Höherstufungen sind tariflich geregelt. Eigentlich könnte sie sich sicher fühlen und zufrieden sein. Das genau ist aber nicht der Fall.

Darf man die drei vergleichen?

Eigentlich nicht. Streng wissenschaftlich gesehen ist die Vergleichsbasis eine etwas wacklige Angelegenheit. Nichtsdestotrotz: Menschen vergleichen sich nun einmal mit anderen. Ohne das vielleicht immer publik zu machen. Aber bei jungen Leuten, die zudem noch die gleiche Schule besucht, im gleichen Jahr das Abitur abgelegt haben – da ist das wohl weitgehend normal. In diese Normalität dränge ich mich einfach hinein. Vorsichtshalber spreche ich nicht von einem Vergleich, sondern nur davon, dass ich gewisse Linien zwischen den drei jungen Menschen und ihren Berufen ziehen möchte.

Anja, die Lehrerin, ärgert sich, wenn Sandra von ihrer uneingeschränkten Selbstständigkeit und Entscheidungsbefugnis spricht. Wenn sie dagegen an manche Eltern ihrer Kinder denkt und deren Bedürfnis, ihr beibringen zu wollen, wie Unterricht zu sein habe – dann wünscht sie sich des Öfteren Sandras Situation herbei. Aber ist Sandra wirklich so frei und unabhängig? In ihren rein medizinischen Entscheidungen schon. Aber hinter ihr stehen Budgetzwänge, die sie letzten Endes doch einengen. Und zwar ganz erheblich. Dazu kommt der dauernde Druck, dass sie insgesamt in ihrer Praxis wirtschaftlich arbeiten muss. Unwirtschaftlichkeit kann ihre Existenz zerstören. Na, und die Schulden? Sie zahlt mindestens noch zwanzig Jahre ab. Anja hat im Grunde keine Probleme auf dieser Ebene. Ihr Gehalt kommt Monat für Monat in gleicher Höhe und unabhängig von ihrer „Wirtschaftlichkeit". Da hat sie Sicherheit. Eine eigene Praxis braucht sie nicht zu finanzieren. Was sie dagegen bedrückt, sind zum einen die Blicke der Gesellschaft auf die Schule und die Lehrer. Der Lehrerberuf ist nicht sehr angesehen. Und auf die Schule schimpft mittlerweile nahezu jeder.

Dennoch ist Anja klug genug, sich einzugestehen, dass viele Menschen damit nicht so Unrecht haben. Als einer der größten Betriebe der Gesellschaft vereint nun mal die Schule Kinder und Jugendliche aus allen gesellschaftlichen Schichten in beispiellos großer Zahl in ihren Mauern. Es wäre unnormal, würden alle, die direkt und indirekt von Schule betroffen sind, nur jubeln und die Schule (als solche) unvergleichlich und hervorragend finden. Aber da liegt auch Anjas Problem: Sie möchte eine bessere Schule. Und sie möchte auch, dass die Arbeit von Lehrerinnen und Lehrern mehr gesellschaftliche Anerkennung findet. Wie zum Beispiel Sandras Arbeit als Ärztin. Zuweilen vergisst sie dabei, dass Ärzteschelte vor allem in den Massenmedien nicht weniger selten ist als Lehrerschelte. Von Zeit zu Zeit wird ihr das bewusst, dann empfindet sie manchmal so etwas wie Genugtuung. Zugeben würde sie das natürlich nie. Vor allem nicht gegenüber Sandra.

Bedrückend empfindet sie zum anderen Situationen, in denen sie an ihre eigenen Grenzen stößt. Wenn sie überlegt, welche Verantwortung sie als Lehrerin auf sich genommen hat und wie wenig sie davon wirklich sachgerecht tragen kann – dann erschrickt sie vor sich selbst. Sandra sagt ihr, dass sie solche Probleme auch habe …

Und Wilhelm? Wilhelm darf sich im Vergleich zu Sandra und Anja zunächst noch gewissermaßen in einem etwas abgeschotteten Raum bewegen. Wenn Anja die Klassenzimmertür öffnet, warten etwa dreißig Schüler auf sie. Auf sie allein. Sie schließt die Tür und ist den Jungen und Mädchen „ausgeliefert". In positivem wie in negativem Sinne. Ernstsituation. Stunde um Stunde, Tag für Tag.

Wenn Sandras Wartezimmer brechend voll ist und die Grippewelle rollt, wollen vierzig Menschen nacheinander mit ihr reden, ihre Beschwerden vortragen, ihr demonstrieren, wie sie husten (müssen sie auch). Manche zeigen ihr sogar ihre Taschentücher.

Vierzigmal Ernstsituation von ganz individueller Art.

Am frühen Nachmittag ist sie fertig. So und so. Aber auch sehr zufrieden mit sich: Sie war offen, zugewandt, ruhig, hat weder die achtzigjährige alte Dame verprellt noch den tattoogeschmückten Zwei-Meter-Mann „kleingemacht".

Wilhelm kann manchmal noch auf der Stelle fragen, wenn er auf ein Problem stößt. Noch ist jemand für ihn greifbar. Aber er bemerkt, dass diese Situationen seltener werden. Von Woche zu Woche muss er selbstständiger entscheiden. Die Hilfe für ihn wird sorgfältiger dosiert. Wilhelm will das auch. Und seine Partner sind klug genug, es zu fördern. Denn es ist auch eine Frage von Zeit und Geld. Keine Kanzlei kann sich einen „ewigen Famulus" leisten.

Sollte sich Anja ärgern?

Ärgern darüber, dass es anderen jungen Berufseinsteigern besser ergeht als ihr selbst? Mitnichten! Es ist ja nicht der Fall. Ganz im Gegenteil. Fügt man eins zum anderen, so kann man durchaus das Fazit ziehen, dass Lehrerleben, Lehrerstatus und Lehrerperspektiven so schlecht nicht sind. Und jeder Anfänger in jeder Profession hat seine Probleme. Die Sicherheit im Beruf, die Lehrer haben, ist für andere nur ein Traum. So bleiben muss das aber nicht.

Die Tendenzen zur Veränderung des Bildungswesens, beispielsweise zur Privatisierung, sind international nicht mehr zu übersehen. Wird Deutschland davon weitgehend unberührt bleiben können? Sicher nicht. Daraus werden Konsequenzen für den einzelnen Lehrer erwachsen. Eine Stelle wird vielleicht nicht mehr lebenslang sicher sein. Die Schule, die Anforderungen an sie könnten sich gravierend verändern. Die Notwendigkeit, flexibel, offen auf Arbeitsmarktanforderungen zu reagieren, könnte wachsen. Sicher wird das auch passieren ohne „Privatisierungsschub". Andererseits: Wären Veränderungen nicht sogar ein Gewinn für den einzelnen jungen Lehrer? Vom Umgang mit Studenten weiß ich, wie groß das Potenzial an produktiver Ungeduld und guten Ideen bei ihnen ist. Noch wollen sie etwas verändern.

Auch Anja möchte nicht zu früh ihre Lebens- und Arbeitsrhythmen unnötig begrenzen. Fixpunkte sind gut, aber sie möchte unbedingt neue Denk- und Erprobungsorte auffinden. Gemächliche Ruhe kann noch früh genug in ihr Leben einziehen. Wenn überhaupt!

Sandra und Wilhelm sehen das in ihren Bereichen auch so. Müssen das sogar. Sonst verlieren sie den Anschluss an ihre Zunft. Anjas Situation ist keine andere. Die nächsten Kapitel werden es zeigen.

Drei Fälle, drei Welten …

Die Berufseinstiegssituationen dreier Menschen. Jeder von ihnen ein ganz individueller Fall. Jeder der drei wird einen eigenen Weg gehen. Dennoch: Alle drei sind jung. Noch so manche Gemeinsamkeit wird sie verbinden, ohne dass sie es vielleicht voneinander wissen.

Wir verlassen Menschen und Fälle als „Dreigestirn" jetzt und behalten in den folgenden Kapiteln nur noch Anjas Weg an der Schule und ihre Probleme im Blick. Was kann junge Lehrer an der Schule erwarten? Worauf sollten sie sich einstellen, wie mit den Problemen umgehen?

Literatur

HÉON-KLEIN, VERONIQUE: Medizinstudium – und was dann? Alternative Berufswege für Mediziner. Stuttgart. New York 1999[2]

KLINGE, HILDEGARD UND ERICH: Mandantengespräch und Konfliktbewältigung. Köln 1998

LEMKE, PETER: Nischen auf dem juristischen Arbeitsmarkt. Chancen und Wege für den beruflichen Erfolg. Neuwied und Kriftel 2000

Privatisierung im Bildungswesen. Themenschwerpunkt 2. PÄDAGOGIK, Weinheim 53/2001 7–8

TERHART, EWALD (Hrsg.): Perspektiven der Lehrerbildung in Deutschland. Abschlussbericht der von der Kultusministerkonferenz eingesetzten Kommission. Weinheim und Basel 2000

2. Über Defizite spricht man (unter Pädagogen) nicht ... Warum aber hat Ratschlagliteratur Hochkonjunktur?

▶ Defizite werden mit einem negativen Vorzeichen versehen. Zu Recht? Zu Unrecht? Daran ist die Frage gebunden, ob man denn eingestehen darf, Defizite zu haben. Und wenn ja, wem darf man sich offenbaren? Und: Wer kann wie womit helfen? Oder kann man sich nur selbst helfen? ◀

Sind Defizite etwas Verwerfliches?

Keiner freut sich über Defizite. Ein Defizit ist ein Mangel, etwas, was spürbar fehlt. Wer könnte sich schon so ohne weiteres damit abfinden? Oder sich sogar noch darüber freuen? Dennoch: Defizite haben fast alle jungen Lehrer. Und nicht nur sie. Doch dazu später.

Welche Defizite können das sein?

Zum Beispiel die Unwissenheit oder Unfähigkeit, eine ausgelassene Schulklasse zu einer gewissen Ordnung und Disziplin zu bringen. Oder noch schlichter ausgedrückt: Wie schafft man es, von einer Klasse als Lehrer überhaupt wahrgenommen zu werden? Soll man lauter sprechen, soll man leiser sprechen, soll man gar nichts sagen und vielleicht nur seine Körpersprache einsetzen (aber wie?), soll man aus der Klasse hinauslaufen, den Schulleiter holen, nie mehr in diese Klasse zurückgehen usw.?

Ein anderes Beispiel: Sie fragen einen Schüler an fünf Tagen hintereinander, ob er seine Hausaufgaben gemacht habe. Er sagt fünfmal „Nein". In der Woche darauf wiederholt sich das Ganze. Und noch einmal und noch einmal. Was ist zu tun? Wie sollen Sie sich verhalten? Sollen Sie „in die Luft gehen" oder den Sachverhalt lediglich mit Gleichmut registrieren? Sie wissen es nicht. Vielleicht ahnen Sie nur, dass ihre Reaktion falsch sein könnte.

Ein weiteres Beispiel: Etwa die Hälfte der Schüler einer Klasse schaut, kurz nachdem Sie den Raum betreten haben, nicht Sie an, sondern starrt auf Ihre Hände. Am Vortag haben Sie sich mit großer Sorgfalt Ihre Fingernägel lackiert. Die Farbe liegt im Trend. Sie fanden sich und Ihre Nägel schön. Als Sie das Klassenzimmer betraten, waren Sie sich da auch noch völlig sicher. Jetzt sind Sie das nicht mehr. Nur wenige Minuten haben genügt, Sie zu verunsichern. Sie wissen plötzlich nicht mehr, was Sie mit Ihren Händen anfangen sollen. Sie fühlen, wie schwer, ja lästig sie Ihnen werden. Getuschel und Grinsen in der Klasse schwellen an, einzelne Bemerkungen fallen. Laut und verständlich sagt aber keiner etwas. Mittlerweile schaut die gesamte Klasse nur auf Ihre Hände. Sie möchten sie gern aus dem Sichtfeld der Schüler bringen. Wenn Sie dies tun, gehen Sie aber als Verlierer aus diesem Machtkampf. Was tun? Auch hier wissen Sie es nicht. Sie nehmen nur instinktiv an, dass die Klasse Sie auch so empfangen hätte, wenn Sie blaue oder grüne Nägel oder sie überhaupt nicht lackiert gehabt hätten. Es war wohl ein Test – nicht mehr!

Die drei Beispiele sind eigentlich schlecht gewählt. Es handelt sich im Grunde nicht um Situationen, in die **ausschließlich** Berufsanfänger geraten können. Ähnliches kann jedem Lehrer jeden Lebensalters widerfahren.

Im Allgemeinen unterscheidet man folgende Etappen oder Stufen der beruflichen Entwicklung von Lehrern (siehe Abb.). Allerdings ist dies nicht die einzige Art, Unterschiede zu treffen.

Für unseren Zweck aber ist sie sehr akzeptabel:

2. Über Defizite spricht man nicht …

1. Stufe
„survival stage"

Die Lehrperson ist damit beschäftigt, den Alltag zu bewältigen und im Klassenzimmer „zu überleben". Sie ist sich gewissermaßen selbst noch das größte Problem.

2. Stufe
„mastery stage"

Die Lehrperson bemüht sich um Beherrschung/ Gestaltung der Unterrichtssituation. Langsam erfolgt eine Ablösung vom Ich-Bezug zum Situationsbezug, vom bloßen Überleben zur routinierten Unterrichtsgestaltung.

3. Stufe
„routine stage"

Die Lehrperson bemüht sich um die Ausübung erzieherischer Verantwortung. Schülerinnen und Schüler und deren individuelle Interessen und Nöte stehen im Zentrum. Übergang auf eine individual-pädagogische Perspektive.

Stufenmodell des Lehrenlernens nach FULLER & BROWN (1975), zitiert nach MESSNER und REUSSER 2000, S. 160

Lehrer, die sich noch auf der 1. Stufe, der Stufe des Überlebens, befinden – und das trifft auf die meisten jungen Lehrer wohl zu –, haben öfter und zuweilen auch folgenreicher mit Problemen obiger Art zu kämpfen als erfahrene Lehrer. Doch das ist durchaus nichts Ehrenrühriges. Vielleicht kann man sogar sagen, dass dies bis zu einem gewissen Grade „normal" ist. Aber stimmt das wirklich?

Gehören Defizite zur Normalität des Lebens von Berufsanfängern?

Etwas als „normal" zu empfinden, hieße ja wohl, es hinzunehmen, sich damit abzufinden. Aber genau das darf nicht geschehen.

Es empfiehlt sich, Überlegungen in drei Richtungen anzustellen:

- Wie ist die Problemlage einzuschätzen?
  (Sie kann sehr komplex sein, einen Berufsanfänger zudem lange Zeit beschäftigen. Sie kann aber auch plötzlich und spontan entstehen. Auf jeden Fall verursacht sie Unruhe. Die Notwendigkeit zum Handeln wird verspürt.)
- Welche Differenzierungen ergeben sich bei genauerer Betrachtung?
  (Handeln setzt voraus, über eine vage, nicht genauer fixierbare Unruhe hinauszukommen und genauer zu verorten, worin das Problem besteht.)

- Welche Handlungen sind angemessen?
  (Dabei ist zweckmäßigerweise zu prüfen, ob schon gewisse Handlungsmuster verfügbar sind, deren Nutzen vielleicht schon einmal erfahren wurde. Ist das nicht der Fall, sind völlig neue Überlegungen erforderlich. Ihre Umsetzung ist immer mit einem Risiko verbunden. Das gilt aber auch für das Handeln nach Muster – vor allem dann, wenn die Bedingungen anders sind, als man sie vorab eingeschätzt hatte. Eine hundertprozentige Sicherheit ist im Pädagogischen ohnehin nie gegeben. Ein Risiko lässt sich minimieren. Aber es völlig auszuschalten ist nur sehr selten möglich.)

Bei der Bewältigung einer defizitären Situation hat der Berufsanfänger in der Tat mancherlei Probleme. Es würde an ein Wunder grenzen, wenn er sie nicht hätte. **Das** wäre in der Tat eher unnormal! Erst Ausbildung und Berufserfahrung zusammen führen – neben vielen anderen Faktoren – zu einem „defizitgebremsten" Unterrichten und Umgang mit Schülern.

Unabdingbar ist jedoch auch, dass all dies mit einem Gewinn an Reflexionsfähigkeit über sich selbst einhergeht. Edelwich und Brodsky (1984) bringen hierfür ein prägnantes Beispiel. Eine junge Frau schreibt über ihr erstes Jahr als Lehrerin:

> „Worüber ich am meisten gelernt hatte in meinem ersten Jahr als Lehrerin, war ich selbst.
> Mir wurde klar, dass ich mit vier Annahmen ins Schulzimmer gekommen war:
> erstens, dass die Schüler gerne dort wären;
> zweitens, dass ich für sie wichtige Informationen weiterzugeben hätte;
> drittens, dass sie für das, was ich zu bieten hätte, aufnahmebereit wären; und
> viertens, dass ich mehr wüsste als sie.
> Alle diese Annahmen waren in gewissem Maße ‚falsch'."
> (Zitiert nach UHLICH 1996, S. 99)

Wer oder was ist schuld an Defiziten?

Ein „Schuldiger" (besser eine „Schuldige") wird hierfür in der Regel rasch ausgemacht: die Ausbildung an der Universität. Sie wird häufig auf die Anklagebank verwiesen. Zuweilen zu Recht, zuweilen aus „Treue" gegenüber verbreiteten Denkmustern. Das zeigten beispielsweise mit großer Deutlichkeit die ersten Reaktionen auf die PISA-Studie in Presse, Funk und Fernsehen zu Ende des Jahres 2001. Ohne zuweilen die Sachverhalte oder auch die Lehrerbildung gründlich zu kennen, wurden Zensuren verteilt und Abwertungen vorgenommen, die sehr gewagt waren.

2. Über Defizite spricht man nicht ...

Es lässt sich keineswegs sagen, dass die Ausbildung über jede Kritik erhaben sei – vom Gegenteil zeugt eine Menge Literatur (vgl. TERHART 2000). Dennoch ist zu bedenken: Wie lange hält ein Studium vor? Was lässt sich bevorraten, was entzieht sich einer Bevorratung und wird totes Kapital, wenn keine Aufstockung, keine Erneuerung erfolgt?

Andere „Schuldige" können sein: fehlende Routine oder auch in Einzelfällen sogar manchmal ein zu hohes, weil zu rasch erworbenes Maß an Routine. Es kann ebenfalls den Blick für die jeweilige konkrete Situation verstellen und weitgehend handlungsunfähig in ebendieser Situation machen.

Und: Es gibt vieles, was prinzipiell erst in der Praxis erlernt werden kann und nirgendwo sonst.

Lehrer, die keine Defizite (mehr) haben, gibt es nicht. Das wurde schon festgestellt. Defizite können Lehrer bis in die letzten Jahre ihres Berufslebens begleiten. Sie sind also kein Privileg der Berufsanfänger.

Eine andere Frage ist, wie damit umgegangen wird. Überwindungsstrategien werden in diesem Buch in vielen Zusammenhängen eine Rolle spielen. Hier soll vorerst nur die Rede vom Mantel des Schweigens sein, der häufig über Defizite gebreitet wird, und vom Mut zur Artikulation von Defiziten gesprochen werden.

Schweigen ist im Grunde ein Unglück für die betroffenen Lehrer, kein geringeres auch für die am Sachverhalt beteiligten Schüler. Vielleicht hat Schweigen an Schulen eine gewisse Tradition. Seit Jahrhunderten gelten Lehrer als Einzelkämpfer. Alle modernen Entwicklungen in Richtung Teamarbeit, die es auf nahezu allen gesellschaftlichen Gebieten gibt, scheinen an Schulen und Unterricht weitgehend spurlos vorbeizugehen (vgl. Teamarbeit – Themenheft, PÄDAGOGIK, 6/2000). Leider. Der Nimbus des Einzelkämpfertums nährt die Vorstellung, dass man auch mit seinen Defiziten allein fertig werden muss. Mehr noch, dass man hierüber gar nicht sprechen darf. Das vor allem deshalb nicht, weil damit Ansehensverluste verbunden sind. Und die kann sich gerade ein Lehrer ja überhaupt nicht leisten. Schon junge Lehrer quälen sich mit solchen Vorstellungen herum. Aber gerade sie sind diejenigen, die andererseits ein großes Bedürfnis haben, vor allem mit „Gleichgestellten" offen über Defizite zu sprechen und gemeinsam Wege zu einem defizitgebremsten Unterricht zu suchen:

> „Der Berufanfänger lernt **seine** Leistungs- und Erfahrungsmaßstäbe vielleicht nicht so sehr am berufserfahrenen Profi, sondern am berufsbiographisch viel näher stehenden ... Referendar bzw. Anfänger."
> (HERMANN/HERTRAMPH 2000, S. 54)

Kommunikation ist also dringend erforderlich.

Häufig ist in der Literatur zu lesen, dass es den fertigen Lehrer nicht gibt. Wie wahr! Auch Lehrer selbst sagen das über sich und andere. „Fertig" kann ein Lehrer schon deshalb nie sein, weil sich die Bedingungen für seine Arbeit permanent verändern – allein wenn man die ständig im Wandel begriffenen Lernvoraussetzungen der Schüler bedenkt. Sich darüber zu verständigen – das kann doch nicht negativ etikettiert werden. Im Gegenteil: Es nicht zu tun, müsste mit einem negativen Etikett versehen werden. Neu entstehende Defizite lassen sich nur durch eine solche Verständigung genauer verorten und vielleicht rascher überwinden.

Helfen Ratschläge anderer bei der Überwindung von Defiziten?

Es hat den Anschein, als könnten die Menschen nicht mehr ohne Ratschläge leben. Auf nahezu allen Gebieten gibt es Ratschlagliteratur: Ratgeber zur Ausfüllung der Lohnsteuerkarte, zur Behebung von Mietstreitigkeiten, zum Verhalten bei Verkehrsunfällen, zum Umgang mit Hunden, Katzen oder Schildkröten, zur Erlangung des Idealgewichts usw. Recht und Gesundheit dominieren dabei offensichtlich. Nicht nur die bunten Gazetten haben hierfür seit Jahren mehrere Rubriken eingerichtet, sondern auch große Buchverlage lassen sich Ratschlagliteratur nicht entgehen. Im Bildungswesen gibt es seit einiger Zeit Beratungslehrer, aber beraten gilt zugleich als eine neue, wichtige Funktion von Lehrern überhaupt. Überall werden Beratungsstellen für Eltern, Kinder und Lehrer eingerichtet. Das Beraten ist für alle Situationen wichtig geworden, für richtige Notfälle ebenso wie für fast alltägliche Konfliktsituationen.

In der Pädagogik gibt es allerdings eine besondere Tradition in Sachen Ratschläge: die der didaktischen Prinzipien und Regeln. Von vielen großen pädagogischen Theoretikern und Schulmännern über Comenius bis Pestalozzi vorgeformt, fanden ihre Formulierung und Verbreitung im **Wegweiser zur Bildung für deutsche Lehrer** von FRIEDRICH ADOLPH WILHELM DIESTERWEG einen gewissen Höhepunkt. Der Wegweiser war 1835 erstmals erschienen. DIESTERWEG hatte mehrere Gruppen von Regeln formuliert, wobei er an erster Stelle den Blick auf den Schüler richtete (vgl. DIESTERWEG 1962, S. 121–189):

- *Regeln für den Unterricht in betreff des Schülers, des Subjekts (zum Beispiel: Beginne den Unterricht auf dem Standpunkt des Schülers ...)*
- *Regeln für den Unterricht in betreff des Lehrstoffs, des Objekts (zum Beispiel: Richte dich bei der Wahl der Lehrform nach der Natur des Gegenstandes!)*

- *Regeln für den Unterricht in betreff äußerer Verhältnisse, der Zeit, des Ortes, des Standes usw. (zum Beispiel sollte in jedem Menschen mittels der Elementarschule der Grund zur allgemeinen Menschenbildung gelegt werden)*
- *Regeln für den Unterricht in betreff des Lehrers (zum Beispiel: Stehe nie still!)*

Solche und ähnliche Prinzipien und Regeln gelten als begründete Aufforderungen zum Handeln in unterrichtlichen Situationen. Sie sollen helfen, diese Situationen zu organisieren und zu einer hohen Unterrichtseffektivität zu gelangen. Allerdings provozierten sie häufig den Gedanken an die „Eindimensionalität" des Handelns und Verhaltens und wurden darum oft heftig kritisiert und allmählich mehr oder weniger aus der pädagogischen Redeweise und Praxis verbannt.

Im Übrigen wurde dabei vergessen, dass solche Köpfe wie DIESTERWEG u. a. immer schon vor einseitigem Verständnis und unüberlegtem Gebrauch gewarnt hatten. Bei DIESTERWEG ist zum Beispiel nachzulesen:

> „Ja, man kann die richtigsten Grundsätze so ausdehnen und missbrauchen, dass lauter Extreme und Fehlgriffe entstehen. Man sagt daher: Man muss sie mit einem Körnlein Salz (cum grano salis) versehen und anwenden; d. h., die theoretischen Grundsätze allein tun es nicht, die lebendige Auffassung der Menschennatur, die Erfahrung, der pädagogisch-didaktische Takt müssen hinzukommen."
>
> (DIESTERWEG 1962, S. 188)

Haben die viel einfacheren und überschaubaren Ratschläge, denen man heute auf Schritt und Tritt in der Pädagogik begegnet, die Nachfolge solcher historisch verwurzelter Prinzipien und Regeln angetreten? Partiell wohl schon. Und: Können sie wirklich Hilfe beim Abbau von Defiziten bieten? Ja, aber nur unter zwei Voraussetzungen:

- Sie müssen zu Ihrer Situation passen.
- Sie müssen zu Ihnen als Person passen.

Wenn Sie darüber hinaus Gelegenheit haben, das damit verbundene Problem mit Gleichgesinnten zu erörtern (allgemein oder auch nach einem erlittenen Misserfolg) – umso besser.

Mit Ratschlägen für Junglehrer wurde selten gegeizt

Als die Pädagogik – genauer die Lehrerausbildung – im 19. und 20. Jahrhundert allmählich hoffähig wurde und sich an speziellen Einrichtungen und an Universitäten mit jeweils unterschiedlichen Zweck- und Zielsetzungen zu etablieren begann, wurde zwangsläufig auch jungen Lehrern allmählich besondere Aufmerksamkeit zuteil.

Vor mir liegt ein **Vademecum für junge Lehrer** aus dem Jahre 1909. Es trägt den Untertitel „Pädagogisch-didaktische Erfahrungen und Ratschläge" und ist vom Geheimen Regierungsrat und Königlichem Gymnasialdirektor a. D. GOTTLIEB LEUCHTENBERGER verfasst (LEUCHTENBERGER 1909). Das handliche Büchlein enthält einen „Kanon sogenannter pädagogischer und didaktischer Grundregeln für Kandidaten und jüngere Lehrer" (Vorwort), zusammengefasst auf knapp elf Seiten. Der erste Satz des Kanons lautet „Gehe nie in eine Stunde ohne Vorbereitung" (vgl. EBENDA, S. 1). Achtzig pädagogische und didaktische Grundregeln sind es insgesamt – alle sehr einfühlsam, sehr praktisch, sehr knapp formuliert. Sie waren sicherlich zu ihrer Zeit recht hilfreich. Einige von ihnen sind auch heute noch brauchbar, vor allem in ihrer Mischung von Fallbezogenheit und Humor. Zum Beispiel ist unter Punkt 13 zu lesen:

> „Dein erstes Wort sei nicht: ‚Was habt ihr zu heute auf? Wo sind wir stehen geblieben? Was haben wir vorige Stunde durchgenommen?' **Du musst das ja am besten wissen.**"
> (EBENDA, S. 2)

Die anschließenden Erläuterungen – das eigentliche Vademecum – umfassen 170 Seiten. Sie beziehen sich auf die Planung des Jahrespensums, die Vorbereitung der einzelnen Unterrichtsstunden, das Verhalten, Auftreten, didaktische Agieren des Lehrers in der Klasse selbst und schließlich auf das Erteilen von und das Umgehen mit Hausaufgaben und Klassenarbeiten.

Neben viel Idealismus trifft man in allen Teilen des Büchleins auf ein hohes berufliches Ethos, auf viele Aussagen zur notwendigen Selbstüberprüfung des jungen Lehrers, aber auch auf ebenso viele Aussagen zur Stärkung seines Selbstbewusstseins und zum Erkennen seiner Bedeutsamkeit für die heranwachsende Generation.

Der Verfasser kannte Maria Montessori mit Sicherheit nicht. Aber durchgängig ist seine kleine Schrift von dem Gedanken getragen „Hilf mir, es selbst zu tun!" – eine noch heute eingängige Idee. Warum nur wird sie vorrangig oder ausschließlich auf Schüler bezogen? Wäre sie für Lehrer nicht noch viel wichtiger?

Literatur

DEUTSCHES PISA-KONSORTIUM (HRSG.): PISA 2000. Basiskompetenzen von Schülerinnen und Schülern im internationalen Vergleich. Opladen 2001

DIESTERWEG, FRIEDRICH ADOLPH WILHELM: Wegweiser zur Bildung für deutsche Lehrer und andere didaktische Schriften. Ausgewählt und eingeleitet von Franz Hofmann. Berlin 1962

HANDKE, ULRIKE: Der Mutmacher. Ratgeber für den pädagogischen Berufseinstieg. Berlin 1997

HERMANN, ULRICH/HERTRAMPH, HERBERT: Der Berufsanfang des Lehrers – der Anfang von welchem Ende? In: Die Deutsche Schule. Weinheim 92/2000/1

LEUCHTENBERGER, GOTTLIEB: Vademecum für junge Lehrer. Pädagogisch-didaktische Erfahrungen und Ratschläge. Berlin 1909

MESSNER, HELMUT/REUSSER, KURT: Die berufliche Entwicklung von Lehrpersonen als lebenslanger Prozeß. In: Beiträge zur Lehrerbildung. Bern 18/2000/2

Teamarbeit. Themenheft. PÄDAGOGIK, Weinheim 52/2000/6

TERHART, EWALD (HRSG.): Perspektiven der Lehrerbildung in Deutschland. Abschlußbericht der von der Kultusministerkonferenz eingesetzten Kommission. Weinheim und Basel 2000

TERHART, EWALD/CZERWENKA, KURT/EHRICH, KARIN/JORDAN, FRANK/SCHMIDT, HANS JOCHIM: Berufsbiographien von Lehrerinnen und Lehrern. Frankfurt 1994

UHLICH, KLAUS: Beruf Lehrer. Arbeitsbelastungen, Beziehungskonflikte, Zufriedenheit. Weinheim und Basel 1996

3. Eine Anleihe bei Hermann Hesse: Und jedem Anfang wohnt ein Zauber inne ...

▶ Das Trauma des Praxisschocks verfolgt viele. Gibt es nicht auch anderes über den Berufsanfang von Lehrern zu vermelden? Trifft nur auf Lehrer nicht zu, was Hermann Hesse zum Zauber des Anfangs sagt?
Sie sollten das prüfen und sich Ihren ganz persönlichen Berufsanfang nicht zerstören lassen. Trotz vieler Probleme, die auch Sie haben werden und die hier benannt werden. Was lässt sich tun? ◀

Warum wird kaum über den Zauber des Berufsanfangs gesprochen?

HERMANN HESSES Worte vom Zauber des Anfangs werden häufig zitiert. Auch von Pädagogen. Ich finde, Sie sollten sie in unseren Zusammenhängen auch noch einmal lesen:

> „Und jedem Anfang wohnt ein Zauber inne,
> Der uns beschützt und der uns hilft, zu leben.
> Wir sollen heiter Raum um Raum durchschreiten,
> An keinem wie an einer Heimat hängen,
> Der Weltgeist will nicht fesseln uns und engen,
> Er will uns Stuf' um Stufe heben, weiten.
> Kaum sind wir heimisch einem Lebenskreise
> Und traulich eingewohnt, so droht
> Erschlaffen,
> Nur wer bereit zu Aufbruch ist und Reise,
> Mag lähmender Gewöhnung sich entraffen.“
> (Aus dem Gedicht „Stufen“, erstmals 1942 erschienen)

Ohne HERMANN HESSE pädagogisch zu vereinnahmen, möchte ich für Sie nicht nur das aufgreifen, was er vom **Zauber** des Anfangs geschrieben hat, sondern auch seine Mahnung nach immerwährendem Bereitsein zu neuem Aufbruch und zur Flucht vor lähmender Gewöhnung!

Doch zum Anfang selbst. Über viele Jahre gehörte das Beschreiben des Praxis**schock**s junger Lehrer fast zu den Lieblingsthemen pädagogischer Literatur. Mit guten Gründen. Dennoch ist bei aller notwendigen Sicht auf dieses prioritäre Problemfeld von Berufsanfängern vielleicht manches an anderen Erhebungen und Überlegungen aus dem Blickfeld geraten.

Zum Beispiel das: Jeder Anfang ist immer auch mit einer Chance verbunden. Welch große Chance eröffnet unter anderem der Schulanfang dem Menschen! Erinnern Sie sich noch an Ihren eigenen? Oder wie war das, als Sie nach der Grundschule auf eine andere Schule wechselten? Oder später auf die Universität? Und nun steht Ihnen nach dem Referendariat wieder ein neuer Anfang bevor oder Sie befinden sich schon mittendrin in dieser Phase. Er wird nicht der letzte sein. Im Übrigen: Keiner hat so viele sichtbare Anfänge in seinem Berufsleben wie ein Lehrer. Schuljahr um Schuljahr bekommen Lehrer neue Klassen, neue Schüler – aber auch die bekannten und vertrauten Gesichter verändern sich. Besonders sicht- und spürbar werden solche Veränderungen nach den großen Ferien. Die großen Ferien sind nahezu stets mit Einschnitten in das Auftreten und Verhalten von Schülern verbunden. Und jeder Neubeginn eines Schuljahres ist wiederum auch mit Chancen für Lehrer verbunden, nicht nur mit Problemen.

3. Eine Anleihe bei Hermann Hesse

Lassen Sie uns noch einmal in die ersten Tage Ihres jetzigen Neuanfangs „eintauchen". Nehmen wir an, dass Sie die Schule wechseln mussten, also nicht an der Ihnen vertrauten Ausbildungsschule geblieben sind.

Sie werden neugierig gewesen sein, Dinge in der neuen Umgebung bemerkt haben, die Ihnen nach einem halben Jahr schon gar nicht mehr auffallen werden: zum Beispiel ob die Grünpflanzen kümmerlich dahinvegetieren oder sich in einem relativ gepflegten Zustand befinden, ob der Hausmeister freundlich ist oder besser nicht angesprochen werden sollte, ob die Schüler das Schulhaus als „wettkampfmäßig" zu nutzende Renn- und Anrempelstätte betrachten oder sich in Grenzen kulturvoll bewegen.

Sie werden aber auch sehr schnell festgestellt haben, welche Platz- oder Rangordnung im Lehrerzimmer herrscht, wer häufig den Ton angibt, wie es um den Ruf einzelner Klassen oder Schüler oder Eltern bestellt ist.

Sie werden bald gedacht haben: Das würde ich gern übernehmen, das machen die mit mir nicht, da werde ich mich engagieren, hier müsste ich mal nachfragen, hier sollte ich noch besser hinhören und hinschauen, mit der Kollegin oder dem Kollegen müsste ich ins Gespräch kommen. Vielleicht hatten Sie nach den ersten Tagen schon eine endlos lange Liste in Ihrem Kopf gespeichert. Was Sie wirklich in Angriff nehmen wollten, haben Sie sicher nicht sofort entschieden: Aber Sie hatten und haben eine ungeheure Chance, Fantasien, frei von der Kenntnis allzu vieler Einzelheiten zu entwickeln. Zu detailliertes (und häufig unsortiertes) Wissen engt das Fantasieren ein. Zuweilen ist es gut, sich anscheinend Unmögliches vorzunehmen. Und das geht nur, wenn man nicht von vornherein durch zu viele Zwänge und Ängste eingeengt wird. Die Begrenzungen erfolgen noch früh genug. Auch die notwendigen Selbstüberprüfungen gehören dazu. Aber: Um seine Anfangsfantasien sollte sich kein Berufseinsteiger bringen lassen.

Gestehen Sie sich Träume, Fantasien, Utopien sehr bewusst zu. Genießen Sie **Ihren** Anfang! Ohne schlechtes Gewissen! Außerdem haben Sie einen „Anfängerschutz" – vor sich selbst und vor anderen oder auch durch andere.

Die erste Zeit an der Schule muss durchaus nicht nur von Schockerlebnissen und Qualen geprägt sein. Das kann Ihnen zwar passieren. Es ist aber in jedem Fall besser, nicht nur darauf fixiert zu sein und ängstlich zu warten, wann und wie das Befürchtete nun endlich eintritt. Vielleicht hat es doch etwas mit dem alten Aberglauben auf sich: Ein Unglück soll man nicht herbeireden.

Und noch etwas wird mit Sicherheit gerade Ihren Anfang prägen: Nachdem viele Jahre lang kaum Lehrer in Deutschland neu eingestellt wurden, viele Probleme zudem noch durch Arbeitszeitverlängerung der ohnehin hoch beanspruchten älteren Kollegen zu lösen versucht wurden, sind die Erwartungen an junge Kollegen ziemlich groß – aber auch die Hoffnungen, die in junge Lehrer gesetzt werden.

Das ist eine gute Ausgangsbasis für Ihren Start in das Berufsleben. Es wird gerechnet mit Ihrem Elan und mit Ihrem Durchstehvermögen, Ihren neuen Ideen, Ihrer Fähigkeit, manches Althergebrachte in Frage zu stellen. Es wird aber auch damit gerechnet, dass durch Sie vielleicht endlich einmal die Kooperation unter Lehrern sichtbar vorangebracht werden wird und Lehrer nicht mehr zum nahezu ewigen Einzelkämpfertum verurteilt sind.

Erstmals werden nicht mehr junge Lehrer an deutschen Schulen mit der Lupe gesucht werden müssen. Es wird viele „Neue" geben. Damit wachsen auch die Chancen, sich untereinander zu unterstützen und gemeinsam Schule und Unterricht weiterzuentwickeln. Wegen der immensen Bedeutung gerade dieses gesamten Sachverhalts komme ich in Kapitel 5 noch mal darauf zurück.

Das Problem der Favorisierung von Anpassungsverhalten

Wie zahlreiche Forschungen und Aussagen kompetenter Pädagogen zeigen, kommen die meisten Berufsanfänger tatsächlich mit vielen neuen Ideen an die Schule. Die meisten wollen die Wirklichkeit von Schule und Unterricht umgestalten. Es gibt viel Elan und eine Menge an Mut zur Veränderung. Aber reicht dieser Mut wirklich aus? Wird er irgendwann einmal gebremst? Vergessen die Mutigen ihren eigenen Mut?

In einer Längsschnittstudie von MÜLLER-FOHRBRODT, CLOETTA & DANN (1978) wurde nämlich festgestellt,

> „dass sich die liberalen und reformorientierten pädagogischen Haltungen, Vorstellungen und Einstellungen von Junglehrern innerhalb der ersten zwei Jahre weitgehend an die vorherrschenden (konservativen) Einstellungen im Berufsfeld angleichen. Erst nach einer gewissen Erfahrungsphase veränderten sich diese Einstellungen wieder im Sinne der in der Grundausbildung aufgebauten progressiven Orientierungen."
>
> (MESSNER/REUSSER 2000, S. 159)

Dieses Phänomen ist als so genannte „Konstanzer Wanne" bekannt geworden. Junglehrer „begraben" also ihre Träume und Ideen und passen sich an. Allerdings ist das, was hier geschieht, kein wirkliches Begräbnis. Es ist vielmehr mit einem Einfrieren auf Zeit zu vergleichen. Die Kälte kann weichen, Träume und Ideen können wieder erwachen, angereichert werden, neu erstehen.

Entscheidend für diese Art Verabschiedung von sich selbst ist, was in Kapitel 2 geschrieben wurde: Für junge Lehrer ist der Zwang zum Überleben zuweilen sehr groß. Und nicht selten ist es besser – zumindest zeitweise – so zu sein, wie alle sind. Wenn an einer Schule ein eher traditionell-konservativer Geist herrscht, hat ein junger Lehrer nur selten Chancen, völlig neue Konzepte durch-

3. Eine Anleihe bei Hermann Hesse

zusetzen, vor allem auch, weil er auf den Widerstand der Eltern trifft, die anderes gewohnt sind und gern das Vertraute bewahren und erhalten möchten.

Trotz der Aussicht, die Gleise, die man eigentlich gar nicht betreten wollte, wieder verlassen zu können, ist mit einem weiteren Problem zu rechnen: Bereits in den ersten Berufsjahren wird der Grundstein zum beruflichen Selbstverständnis gelegt. Es bilden sich Kompetenzen aus, die lange Jahre die eigene Entwicklung und Berufszufriedenheit dominieren können (vgl. HERMANN/HERTRAMPH 2000, S. 61). Positiv wie negativ! Um Negatives möglichst gering zu halten, sei erneut auf den Gedankenaustausch unter Gleichgestellten verwiesen, ebenso aber auch auf die Notwendigkeit, dass Behörden und Fortbildungsinstitute den jungen Lehrern besondere Angebote machen (vgl. auch TERHART 2000, S. 129) und sie nicht allein lassen sollten. Da derzeit wieder mit der Einstellung einer größeren Anzahl junger Lehrer in den Schuldienst zu rechnen ist, bietet sich das ohnehin an. Es wäre leichtsinniger Umgang mit Humankapital, wenn sich hierzu in den nächsten Jahren nichts Nennenswertes täte. Junge Lehrer sollten aber auch gemeinschaftlich diese Unterstützung einfordern.

Also ist es doch nichts mit dem Zauber des Anfangs, über den ich weiter oben schrieb? Doch, ganz im Gegenteil! Ohne Visionen sind Zeiten **notwendiger** Anpassung nicht zu überstehen.

Und: Nicht an allen Schulen herrscht Anpassungszwang der beschriebenen Art.

Und: Es gibt auch Anpassungen, die zeitweise wirklich vernünftig sind.

Und: Nicht nur junge Lehrer haben gute Ideen. Auch manch gestandene Lehrkraft hat noch viel Lust auf Innovation.

Zuweilen kann ein Gespann von Jung und Alt mehr bewirken als eine altershomogen zusammengesetzte Lehrergruppe.

Der Vorteil des Erwerbs langfristiger Strategien

Von oft notwendiger Anpassung war die Rede. Ebenso wie von der Wiederauferstehung eigener Ideen. Wenn Fachleute festgestellt haben, dass sich Berufseinstellungen und Arbeitsweisen der ersten Zeit oft lange halten und sich verfestigen, dann ist es gut, sich solchen Erkenntnissen als junger Lehrer nicht zu verschließen. Zumindest in dreifacher Hinsicht bietet sich an, damit zu leben und zu arbeiten:

● Sie sollten über Ihre alltäglichen Erfahrungen reflektieren. Das allein ist die Voraussetzung, nicht von Welle zu Welle dahingespült zu werden, zeitweise unverhältnismäßig viel Wasser zu schlucken und nur selten frei und offen atmen zu können. Letzteres ist immer erstrebenswert und durchaus meiner

Aufforderung vom Genießen des Anfangs angemessen. Aber es gibt eben auch die Wellentäler. Und diese sind in der Tat nicht nur mit Genuss und Genießen verbunden.

Um Schönes wieder richtig wahrzunehmen, aber ebenso die Tiefpunkte angemessen einzuordnen, ist das Nachdenken über die eigenen Erfahrungen und die Ordnung dieser Erfahrungen gerade in den Anfangsjahren unerlässlich. Wer nicht über seine eigene Praxis reflektiert, wird bald zum Spielball der Wellen werden, um bei meinem Bild zu bleiben. Und das sollte kein wissenschaftlich ausgebildeter und an seinem Beruf interessierter Lehrer wollen.

- Sie sollten nicht **nur** von der Hand in den Mund leben. Dass das reine Überleben oftmals im Vordergrund steht – darüber waren wir uns vielleicht schon einig. Dennoch ist es sinnvoll, sich behutsam von den „nackten Überlebensstrategien" zu lösen und zumindest in einigen Klassen oder in einigen Stunden „besonderen" Unterricht auszuprobieren: zum Beispiel Phasen von Binnendifferenzierung einzubauen, Pro-und-Kontra-Debatten vorzusehen, die besonderen Stärken einzelner Schüler (aber nie nur der „Klassenbesten") zu nutzen usw. Und das immer wieder zu tun, sodass auch für Ihre Schüler eine bestimmte Linie erkennbar wird. In der Regel honorieren die Schüler das bereits nach kurzer Zeit. Damit gewinnen Sie neue Bestätigung und neues Selbstvertrauen.

- Sie haben sich entschlossen, Lehrer zu werden. Lehrer zu sein ist nicht nur mit Unterricht verbunden – wenn auch ein wirklich guter Unterricht im Zentrum Ihrer Profession stehen muss. Ansonsten hätte die Gesellschaft ohne nennenswerten Nutzen in Sie investiert. Aber auch Sie hätten Fehlinvestitionen in sich selbst vorgenommen.

Mag man nun dem Nützlichkeitsaspekt skeptisch gegenüber stehen oder auch nicht: In einem guten Sinne etwas in den Kindern und Jugendlichen zu bewirken, das ist schon Absicht des Handelns von Lehrern. Sonst wäre der Beruf ja überflüssig. Unterricht aber speist sich heute nicht mehr nur aus seiner eigenen Güte. Ohne möglichst viel vom Umfeld der Schüler und von ihrem Verhalten außerhalb des Klassenzimmers in die Überlegungen einzubeziehen, lässt sich guter Unterricht heute nicht mehr bewerkstelligen. Zu so genannten uralten pädagogischen Weisheiten zählt in diesem Zusammenhang die, dass es sich lohnt, die Schüler auf Gemeinschaftsveranstaltungen und Klassenfahrten besser kennen zu lernen.

An unserer Universität führen wir regelmäßig mit den neu immatrikulierten Studenten Befragungen zu ihren Erwartungen an das Lehramtsstudium durch. Darin eingeschlossen sind auch Rückblicke auf die eigene Schulzeit, ist das Aufrufen von besonders angenehmen Erinnerungen. Über viele Studentenjahrgänge hinweg dominiert hierbei die Erinnerung an Klassenfahrten. Berufsanfänger sollten daher die eigene Organisation einer Klassenfahrt oder die Teilnahme an einer solchen Fahrt bei einem Kollegen überlegen. Der Gewinn wird groß sein.

Die eigene Praxis zu reflektieren, einige „besondere" Linien in der eigenen Arbeit zu verfolgen, den Blick voll auf den Unterricht, aber zugleich über ihn hinaus zu richten – das können bedeutsame Eckpunkte in der Berufseinstiegsphase sein, um langfristige Strategien allmählich aufzubauen. Viel mehr als ein allmählicher Aufbau kann sicher nicht geschehen. Aber um diese Aufbauarbeit sollte sich kein junger Lehrer bringen.

Langfristigkeit und Spontaneität – zur weiteren Entwicklung gehört beides

Dass das Verfolgen langfristiger Strategien wahrscheinlich in den Anfangsjahren nicht „in voller Breite" geschehen kann, aber dennoch nicht außer Acht gelassen werden sollte, wurde eben erörtert. Nicht minder bedeutsam ist es, spontane Handlungsfähigkeit aufzubauen (vgl. MEYER 2001, S. 205 f.). Einige Berufsanfänger sind durch Universität und Referendariat sehr stark auf das Abarbeiten der jeweiligen Unterrichtsplanung fixiert. Nach wie vor dominiert in der Ausbildung Begründungszwang für Abweichungen vom Konzept. Nicht selten wird das Abweichen mit einem negativen Vorzeichen gesehen und bewertet. Aber ist „Abweichen" nicht Zeichen flexiblen Reagierens auf unvorhergesehene Ereignisse, also ein Zeichen hoher pädagogischer Fähigkeiten?

MÜHLHAUSEN spricht in diesem Zusammenhang von überraschungsoffenem Unterricht (MÜHLHAUSEN 1994) und setzt voraus, dass Lehrer auch bereit sein sollten, sich auf Abenteuer einzulassen. Abenteuer sind häufig mit Gefahren verbunden. Ihr Ausgang ist nicht immer gewiss. Aber gewiss ist, dass Situationen, mit denen nicht zu rechnen war, immer wieder vorkommen. MÜHLHAUSEN empfiehlt daher, sich ein „Archiv" mit Bewältigungsstrategien aufzubauen (zum Beispiel: Was kann ich tun, wenn einem Grundschulkind während des Unterrichts ein Zahn ausfällt?). Im Laufe der Zeit kommt auf diese Weise eine stattliche Sammlung von Beispielen und Bewältigungsstrategien zusammen, die jedem jungen Lehrer zu größerer Freiheit, Unabhängigkeit und Sicherheit verhelfen kann. Im Übrigen macht das Erstellen einer derartigen Sammlung auch Spaß. Zur **Reflexion** über den eigenen Unterricht gehört eine solche Linie ohnehin. Doppelarbeit ist also nicht erforderlich.

Lebenslang an der Schule?

Vom Zauber des Anfangs war im gesamten Kapitel die Rede. Was aber lässt sich zum Berufs*ende* sagen? Für den einen oder anderen jungen Lehrer ist es eine Horrorvorstellung, an der Schule alt zu werden. Für andere von Anfang an ein Lebensziel! Diese Unterschiede wird es immer geben. Auffällig ist allerdings, dass sich gegenwärtig eine Tendenz zur Zunahme von Teilzeitarbeit und zum relativ frühen Berufsaustritt sowohl bei teil- als auch bei vollzeitbeschäftigten Lehrern abzeichnet (vgl. BELLENBERG/KRAUSS-HOFFMANN 1998, S. 25). Für alle jungen Lehrer, die jetzt in den Schuldienst treten, werden sich in Zukunft damit verbundene Fragen auch stellen. Im Moment ist jedoch das Jetzt für Sie entscheidend. Und vielleicht denken Sie nochmals an HERMANN HESSE: Es gibt immer Neuanfänge, deren Reiz und Aufgaben sich niemand verschließen sollte.

Literatur

BELLENBERG, GABRIELE/KRAUSS-HOFFMANN, PETER: Lebenslänglich Lehrer? Das Berufsleben wird kürzer. In: Arbeitsplatz Schule. Friedrich Jahresheft 1998. Seelze 1998

CHERNISS, CARY: Jenseits von Bournout und Praxisschock. Weinheim und Basel 1999

CLOETTA, BERNHARD/DANN, HANS-DIETRICH/MÜLLER-FOHRBRODT, GISELA: Umweltbedingungen innovativer Kompetenz: eine Längsschnittuntersuchung zur Sozialisation von Lehrern in Ausbildung und Beruf. Stuttgart 1978

HERMANN, ULRICH/HERTRAMPH, HERBERT: Der Berufsanfang des Lehrers – der Anfang von welchem Ende? In: Die Deutsche Schule. Weinheim 92/2000/1

HESSE, HERMANN: Die Gedichte. Zürich 1942

MESSNER, HELMUT/REUSSER, KURT: Die berufliche Entwicklung von Lehrpersonen als lebenslanger Prozeß. In: Beiträge zur Lehrerbildung. Bern 18/2/2000

MEYER, HILBERT: Professionalisierung in der Lehrerbildung. In: Ders.: Türklinkendidaktik. Aufsätze zur Didaktik, Methodik und Schulentwicklung. Berlin 2001

MÜHLHAUSEN, ULF: Überraschungen im Unterricht – Situative Unterrichtsplanung. Weinheim und Basel 1994

TERHART, EWALD (Hrsg.): Perspektiven der Lehrerbildung in Deutschland. Abschlußbericht der von der Kultusministerkonferenz eingesetzten Kommission. Weinheim und Basel 2000

Teil II
Acht Kapitel zum gemächlichen Lesen und Drüberreden

4. Die Zeit als Feind?
Vernünftiger Umgang mit Zeit ist lebenswichtig und erlernbar

▶ Zeit ist kostbar. Aber es wird häufig leichtfertig und unwissend mit ihr umgegangen. Einige Beispiele aus dem beruflichen Alltag von jungen Lehrern sollen das eine wie das andere verdeutlichen. Eher aber den naiven und unwissenden Umgang mit Zeit und seine Folgen. Für die beiden Hauptprobleme des Unterrichts hinsichtlich der Nutzung von Zeit, nämlich für Tempogewinn und für Entschleunigung, gibt es Anregungen. Hilfen zur Selbsthilfe schließen sich an. ◀

> „Die Zeit bringt Ordnung in das Leben des Menschen, so scheint es, sie verleiht seinem Dasein so etwas wie Kontinuität …"
> (KORNWACHS 2001, S. 19)

Das Verständnis von Zeit und der Umgang mit Zeit sind allerdings sehr ambivalent, vereinfacht gesagt: Die einen haben immer Zeit, die anderen nie. Aber ist es tatsächlich so einfach?

Lehrer haben wenig Zeit – junge Lehrer noch weniger

Für viele war bereits das Referendariat ein hoffnungsloser Kampf gegen die Zeit. Nach Abschluss des Referendariats ändert sich zuweilen nicht viel: Der Kampf geht weiter, für den einen oder anderen sogar bis an sein Lebensende.

Lehrer gelten im Allgemeinen als verplante Menschen: verplant durch Lehr- oder Rahmenpläne, durch einen streng festgelegten Tages-, Wochen- und Jahresrhythmus, durch den noch immer vorherrschenden 45-Minuten-Takt von Unterrichtsstunden, durch minutiös geregelte Pausenzeiten, die der Institution Schule angepasst sind und kaum etwas mit dem individuellen Anspannungs- und Erholungsrhythmus der einzelnen Persönlichkeiten zu tun haben. In der Tat: Lehrer werden schon durch ihren Beruf ziemlich verplant! Den noch verbleibenden Rest erledigen sie selbst.

Andererseits bieten diese zeitlichen Gerüste, innerhalb derer das Lehrerleben stattfindet, auch Halt und Stütze. Nur: Manch einer bemerkt gar nicht, wie leichtfertig er dabei mit seiner Eigenzeit umgeht, mit der Zeit, über die nur er allein verfügt. Zeit ist, wenn sie verflossen ist, unwiederbringlich verloren. Als Ressource lässt sie sich weder zurückdrehen noch rückwirkend anders nutzen. Das „Ach hätte ich doch" ist ein Wunsch, der allenfalls in zukünftigen Vorhaben bedacht werden kann. Junge Lehrer haben dabei den Vorteil, dass sie noch im Besitz eines großen Quantums an Lebenszeit sind. Zwischen den Extremen, sich einerseits von Terminen jagen zu lassen und andererseits seine Zeit zu „vertun", liegen viele weitere Möglichkeiten.

Betrachten wir das Zeitproblem junger Lehrer an einigen Beispielen. Die eigentliche Arbeitszeit soll dabei natürlich im Zentrum stehen.

4. Die Zeit als Feind?

Beispiele aus dem Alltag von Berufsanfängern

Beispiel 1: Melanie

Melanie hat das Wochenende genutzt, um sich besonders gründlich auf den Unterricht am Montag und am Dienstag vorzubereiten. Schon lange hatte sie sich vorgenommen, mal wieder etwas Neues auszuprobieren. Ihre Wahl war auf das Lernen an Stationen gefallen. In zwei Fachzeitschriften hatte sie dazu Anregungen gefunden. Nun wollte sie die beiden Tage in jeweils drei Unterrichtsstunden dafür nutzen. Ihre beiden Fächer ließen sich dank der Stundenplanung in diesem Schuljahr relativ problemlos darauf verwenden. Sieben Stationen sollte ihre 8. Klasse angeboten bekommen. An ihrem Schreibtisch hatte sie etliche Stunden verbracht, um Themen, Aufgaben und deren Strukturierung zu durchdenken, hatte gemalt, ihren Computer strapaziert, farbige Zettel vorbereitet, Blätter in Klarsichtfolie geschoben, Bücher und andere Arbeitsmaterialien zusammengetragen usw. Am Montagmorgen packte sie ihren ganzen Reichtum ins Auto. Normalerweise ging sie die zwanzig Minuten zu Fuß zur Schule. Aber ihre beiden großen Taschen wollte sie nun doch nicht schleppen.

Die Klasse schien nach Melanies Einführung sehr angetan zu sein und machte sich an die Arbeit. Der Montag verlief gut. Am Dienstag waren die Schüler nach der ersten Stunde mit dem eingeplanten Pensum fertig. Melanie hatte zwar noch eine Präsentation durch die einzelnen Gruppen vorgesehen, aber: Es waren noch zwei ganze Stunden zu bewältigen. Durch die vorgesehene Präsentation würde die Zeit keineswegs ausgefüllt werden. Sie spürte, wie sie zu schwitzen begann. Trotz „Verlängerungstaktiken" wie dem üppigen Nachfragen zum jeweiligen Ergebnis schien sich die Zeit zu vervielfachen. Ihr fiel das Märchen vom süßen Brei ein, vom Brei, der in seinem Topf immer mehr wurde und überkochte und überkochte. Das Märchen rettete sie aber in der konkreten Situation auch nicht: 45 Minuten früher als vorgesehen war das Stationenlernen de facto abgeschlossen.

Sie tat etwas, was nicht so viele tun: Sie entschuldigte sich bei der Klasse, sagte, dass diese Art von Arbeit auch für sie Neuland sei und sie sich einfach verplant habe. Im Übrigen habe sie vielleicht die Schülerinnen und Schüler unterschätzt, sie hätte ihnen mehr zumuten sollen. Es passierte zunächst gar nichts. Dann sagte Martin: „Macht ja nichts. Jeder fängt mal an!" Melanie fiel ein Stein vom Herzen, drei weitere Steine fielen, als mehrere Schülerinnen und Schüler vorschlugen, die verbliebene Zeit zu nutzen, um Urlaubserlebnisse auszutauschen. Darüber hätten sie ja schon lange sprechen wollen und nie Zeit dafür gehabt.

Teil II   Acht Kapitel zum gemächlichen Lesen

Beispiel 2: Steffen

Steffen unterrichtet seit zwei Monaten einen Kurs in der 11. Des Längeren schon hat er das Gefühl, die Klasse nicht genügend zu fordern. Er will es verändern. Die vorgesehene Doppelstunde zu einigen Problemen der Gentechnologie packt er deshalb bis an die Obergrenze voll mit Stoff. Zusätzlich strukturiert er den Stundenablauf bis ins Detail vor. Zeit für Unvorhergesehenes? Nicht eingeplant.

Die Stunde läuft aus Steffens Sicht gut an. Dann, nach ca. vierzig Minuten, wird ihm erstmalig bewusst, dass er den Stoffumfang nie mit den Schülern bewältigen würde und seinen vorgesehenen didaktischen Aufbau schon gar nicht. Aber noch bleibt er ruhig, überlegt allerdings, was er weglassen könnte (nebenbei: eine große kreative Leistung für einen Anfänger!). Er verzichtet auf vorgesehene Zusammenfassungen. Dennoch: Die Schüler werden langsam unruhig (oder gleichgültig?); jedenfalls: Die Aufmerksamkeit der ersten dreißig bis vierzig Minuten ist dahin. Steffen beginnt nun auch selbst unruhig zu werden. Er stellt den Schülern keine Fragen mehr. Das würde ihn zu viel Zeit kosten. Er spricht nur noch selbst. Die nächste Stufe: Er steigert sein Redetempo, wird immer schneller und schneller.

Es klingelt – viel zu zeitig für Steffen.

Er bricht ab und sagt nur noch: „In der nächsten Stunde setzen wir das alles fort." Die Frustration ist eine beiderseitige ...

Beispiel 3: Christoph

Seit Monaten wagt Christoph nach der Schule kaum noch seinen Schreibtisch zu verlassen, um den „niederen" Dingen des Lebens zu frönen: zum Fußballtraining zu gehen und mit seinem Verein zu spielen, endlich einmal das neue Multiplex-Kino in der Nachbarstadt zu besuchen, mit Freundinnen und Freunden in die Disco zu gehen, seiner Mutter, die 300 Kilometer weit von ihm entfernt wohnt, ein Wochenende zu schenken, den Sonntagskreis ehemaliger Studienkollegen zur Diskussion literarischer Problem wieder einmal aufzusuchen usw.

Seine Zeit reicht – wie er meint – dafür nicht aus. Er muss arbeiten, seinen Unterricht vorbereiten. Außerdem engagiert er sich aktiv in der Gruppe zur Entwicklung des Schulprogramms seiner Schule.

Natürlich hat er vom Burn-Out-Syndrom gehört. Das lernt heute ja jeder Student schon im ersten Semester. Im Studienseminar setzt sich das fort. Und die Presse tut ihr Übriges. Darüber etwas zu erfahren ist allerdings nur die eine Seite. Für sich selbst eine persönliche Art von Gegensteuerung zu finden ist etwas völlig anderes. Auch für Christoph. Er ist hilflos und ausgeliefert, ohne es so recht zu bemerken oder gar zu reflektieren.

Jedenfalls trifft das anschauliche Bild vom Hamster in seinem Laufrad voll
auf ihn zu.
Christoph läuft und läuft und läuft ohne innezuhalten.

Beispiel 4: Jeanette

Jeanette kommt in der großen Pause ins Lehrerzimmer. Eine Kollegin stürzt auf
sie zu und bittet sie inständig, doch mal eben die Pausenaufsicht für sie zu übernehmen, sie müsse dringend noch Kopien für ihre nächsten beiden Unterrichtsstunden machen, sie wäre sonst total „aufgeschmissen". Die Klasse wäre
ohnehin schon ein Albtraum für sie.
 Jeanette hatte sich eigentlich vorgenommen, mit einem Kollegen noch einige organisatorische Absprachen zu treffen. Sie wollten beide beginnen, Teamarbeit auszuprobieren. Auch sie stand unter Zeitdruck. Da ihr aber besagte
Kollegin ebenfalls schon zuweilen geholfen hatte, übernahm sie deren Pausenaufsicht und verabredete sich für den nächsten Morgen vor Unterrichtsbeginn
mit ihrem Team-Kollegen. Dann ging sie zur Aufsicht.

Beispiel 5: Andrea

Andrea hat sich vorgenommen, heute Nachmittag ihre Freundin zu besuchen.
Eigentlich hätte sie sich aber auf vier Unterrichtsstunden vorbereiten müssen.
Das hatte sie schon gestern und vorgestern mit erledigen wollen. Aber da war
ihr etwas dazwischengekommen. Den heutigen Nachmittag wollte sie sich auch
nicht zerstören lassen; sie hatte ihre Freundin seit längerem nicht gesehen. Und
es gab so viel zu erzählen. Eine leichte Unruhe fühlte sie schon, aber dennoch
fuhr sie los. Sie würde eben den nächsten Tag auf sich zukommen lassen, etwas
würde ihr schon einfallen. Sie nahm sich vor, die nahenden Osterferien unter
anderem dafür nutzen, endlich einmal grob die Unterrichtsschwerpunkte bis
zum Schuljahresende vor allem für die 7. und 8. Klassen zu überlegen. Um die
Sieben und die Acht musste sie sich einfach etwas mehr kümmern.
 Ihre feste Absicht gab ihr zusätzlich Sicherheit. Auf dem Weg zu ihrer Freundin fiel ihr allerdings ein, dass sie ja auch eine Kurzreise in den Süden buchen
wollte und sich darüber hinaus bereits für ein Seminar zu Körpersprache in
Schule und Unterricht angemeldet hatte. Sie schob das rasch beiseite.
 Irgendwie würde sie schon alles schaffen.
 Irgendwie.

Ein Analyseversuch

Das Beispiel **Melanie** ist ein klassisches Beispiel für **Zeitüberschuss**.

In einer Unterrichtsstunde plötzlich zu viel Zeit zur Verfügung zu haben und nicht zu wissen, was man mit der Zeit anfangen solle – das ist einer der schlimmsten Albträume junger Lehrer. Bei Melanie lief alles allerdings noch recht glimpflich ab. Das ist nicht immer der Fall.

Dennoch: Melanie hat daraus gelernt: Sie trägt seit kurzem immer ein kleines Ergänzungsprogramm für den Unterricht bei sich. Sozusagen für den Notfall. Manche Anregung dafür hat sie der Literatur zu Vertretungsstunden entnommen. Außerdem vertraut sie nicht mehr allein sich selbst, sondern auch ihren Schülern. Gemeinsam mit ihnen hat sie seither schon manche Klippe umsegelt.

Eine Selbstverständlichkeit?

Müssten Lehrer das nicht ohnehin tun? Ja und nein! Vertrauen in die Schüler zu setzen will – wie vieles andere auch – erlernt sein. Das dauert oft eine ziemlich lange Zeit.

Das Beispiel **Steffen** liefert quasi ein Kontrastprogramm zum Beispiel Melanie: **Zeitmangel**. Auch mit Zeitmangel haben Berufsanfänger häufig zu kämpfen – vielleicht noch häufiger als mit Zeitüberschuss. Aber auch gestandene Lehrer haben dieses Problem noch. Und wer hat nicht schon Vorträge gehört, wo der Redner kurz vor dem vorgesehenen Redeende sagte „In der Kürze der Zeit kann ich leider nur andeuten, was ich eigentlich noch sagen wollte …" (Bösartigerweise lässt sich hinzufügen, dass er doch eigentlich gewusst hat, wie viel Zeit ihm insgesamt zur Verfügung stehen würde.) Steffen befindet sich also in guter Gesellschaft. Aber ist das wirklich ein beruhigender Gedanke? Für Steffen glücklicherweise nicht. Dennoch: Die Zeit „läuft ihm immer wieder davon". Aber er weiß um diese Gefahr. Und: Er versucht ihr zu begegnen.

Wie?

Er plant seinen Unterricht nicht mehr von Stunde zu Stunde, sondern legt die Schwerpunkte für die ganze Woche, zuweilen für einen ganzen Monat fest. Das schafft ihm Möglichkeiten, souveräner mit Stoff und Zeit umzugehen.

Außerdem liegt seit kurzem ein großer Zettel auf seinem Schreibtisch. Darauf stehen nur vier Worte: „**Fünf bis sieben Minuten!**"

Ständige Mahnung an sich selbst, diese Minuten bei jeder seiner Vorbereitungen nicht zu verplanen.

Seine Mentalität macht es ihm nicht leicht, so zu handeln.

Er muss sich dazu zwingen.

Zuweilen schafft er es.

Das Beispiel **Christoph** zeigt das Bild eines **Workaholics** (allerdings noch im Frühstadium). Fälle von Workaholics mit allen Folgen werden in der Literatur hinreichend beschrieben.

4. Die Zeit als Feind?

Auch Christoph sollte beizeiten über sich selbst nachdenken, damit ihn beispielsweise die so genannte **Hetzkrankheit** nicht erfasst („Sickness", zitiert nach SEIWERT 1999, S. 26) und ihn vorzeitig arbeits- und sogar lebensunfähig machen könnte. Für Christoph wäre es ratsam, hin und wieder eine persönliche Auszeit zu nehmen, quasi einen Termin mit sich selbst zu vereinbaren (EBENDA, S. 35), dabei zu bilanzieren, was er falsch macht, und zu überlegen, was er dringend verändern sollte, um sein Leben nicht nur auf Arbeit auszurichten, sondern es auch auf andere Weise zu bereichern. Es dann auch zu tun – das wird ihm große Willensstärke abverlangen.

Das vierte Beispiel, das Beispiel **Jeanette**, liegt mehr auf der **sozialen** Ebene. Jeanette war mit einer festen Absicht ins Lehrerzimmer gekommen, ihr Teamkollege sicher auch. Ihre Vereinbarung wurde außer Kraft gesetzt, weil Jeanette die Pausenaufsicht für eine Kollegin übernahm. Für ihr eigenes Vorhaben musste sie nun einen neuen Zeitpunkt finden, damit zugleich ihrem Teamkollegen eine neue Zeitorganisation aufzwingen.

Jeanettes Hilfsbereitschaft ist im Prinzip etwas Positives. Das vor allem auch deshalb, weil die zunehmende soziale Kälte in der Gesellschaft ja weit und breit beklagt wird. Dennoch hat Jeanette hier zu rasch entschieden und ihre eigenen, keineswegs gering zu schätzenden Absichten umstandslos beiseite geschoben, ihren Kollegen damit im Stich gelassen, eine völlig neue zeitliche Belastung für sich selbst und für ihn organisiert. Dass sie das ganze Vorhaben zur Teamarbeit (was ohnehin immer schwer zu realisieren ist) hätte gefährden können, steht noch auf einem anderen Blatt. Was wäre beispielsweise gewesen, wenn ihr Kollege am nächsten Morgen keine Zeit gehabt oder wenn er aus Verärgerung das ganze Vorhaben abgebrochen hätte? Jeanette gerät öfter in ähnliche Situationen. Sie wird lernen müssen, „**nein**" zu sagen.

Andreas Beispiel nimmt auf einen Fall Bezug, der keineswegs selten vorkommt. So wie Andrea ergeht es vielen Menschen. Auch hier sind es nicht ausschließlich die Berufsanfänger, die es nicht schaffen, Prioritäten zu setzen. Sie können sich nicht entscheiden, welche ihrer Aktivitäten unter den jeweiligen Bedingungen Vorrang haben sollte. Da sie das nicht können, lassen sie dann von einem bestimmten Punkt an alles laufen. Damit verlieren sie die Herrschaft über ihr eigenes Leben, werden zu Ausgelieferten. Andrea sollte rasch damit beginnen, die Bereiche ihres Lebens erst einmal abzustecken. SEIWERT empfiehlt beispielsweise zwischen

- Leistung (Arbeit und Beruf)
- Gesundheit (ihre Erhaltung, körperliches und seelisches Wohlbefinden)
- Kontakten (Beziehung zu Partnern, Kindern, Eltern, Freunden, anderen Mitmenschen)
- dem Verfolgen von Sinnfragen (persönliche Werte, Nachdenken über sich selbst und andere)

zu unterscheiden (vgl. SEIWERT 1999, S. 80 f.).

Nur wenn Andrea es schafft, eine Balance zwischen diesen vier Lebensbereichen herzustellen, wird sie ihr Leben erfolgreich meistern. Insofern gibt es zwischen ihr und Christoph gewisse Gemeinsamkeiten, wenn auch von völlig unterschiedlichen Voraussetzungen aus.

Tempo muss sein, aber auch der Mut zum Verweilen ist wichtig

In der Unterrichtstheorie kann man seit einiger Zeit von einer Didaktik der Langsamkeit lesen. Vor allem in Konzepten zum offenen Unterricht wird dafür plädiert, den Schülern mehr Zeit zu geben, ihnen zu ermöglichen, sich gründlich in eine Sache zu versenken. Junge Lehrer greifen diesen Gedanken gern auf. Das Zeit-Lassen und Zeit-Geben ist jedoch nur die eine Seite des Problems. Kein Mensch hat unbegrenzt Zeit. Sich oder anderen Zeit zu geben, erfordert fast immer Tempo an anderer Stelle. Sind junge Lehrer zu großzügig im Einräumen von Zeit, erhält ihr Unterricht leicht den Stempel von Langeweile. Schüler finden Lehrer und Unterricht ätzend, gehen aus dem Feld ... Seit langem gilt Langeweile als eine der ärgsten Sünden des Unterrichts, auch wenn Schule sich sinnvollerweise nicht in Konkurrenz zu den Gepflogenheiten der Spaß- und Erlebnisgesellschaft begeben sollte. Diesen Kampf würde sie mit Sicherheit verlieren.

Tempo ist dort notwendig, wo Ziele und Voraussetzungen des Unterrichts es gestatten, ja sogar erforderlich machen. Tempo unter Schul- und Unterrichtsbedingungen hat allerdings nichts mit einem 100-m-Lauf bei den Olympischen Spielen zu tun. In der Regel stehen Aufgaben im Zentrum, die es in einer bestimmten Zeit zu realisieren gilt. Selten kann man diese Zeit auf Sekunden genau planen und abrechnen. Für Klausuren, Klausurarbeiten, Prüfungen gibt es Normen und Regelungen. Für den täglichen Unterricht muss sich der Berufsanfänger wahrscheinlich selbst ein bestimmtes Repertoire erarbeiten. Er darf sich auch verkalkulieren und Fehler machen. Nur seine Lernfähigkeit darf nicht leiden.

In welchen Bereichen muss im Unterricht auf das Einhalten eines gewissen **Tempos** geachtet werden?

❶ Bei der Schaffung bestimmter Lernvoraussetzungen (zum Beispiel bei der Bereitstellung benötigter Unterrichtsmaterialien durch die Schüler. Eine gewisse Zeitspanne muss allerdings von vornherein immer eingeräumt werden. Insgesamt aber sollten sich hier feste Gewohnheiten entwickeln. Sie erleichtern Lehrern und Schülern das Leben).

4. Die Zeit als Feind?

❷ Bei der Bearbeitung von Aufgaben nach einem bestimmten Muster. Hierfür finden sich in allen Fächern unzählige Beispiele.

❸ Am Ende einer Arbeitsphase, einschließlich des Aufräumens und der Wiederherstellung von Ordnung im Klassenraum – sofern erforderlich.

Ansonsten lohnt es auch, neue Unterrichtsmethoden unter dem Aspekt des Zeitgewinns zu prüfen. Denken wir nur an die **Moderationsmethode:**

> „Moderation ermöglicht, Arbeitsprozesse durch Regelgeleitetheit und Strukturierung zu effektivieren und die Ergebnisse sofort zu visualisieren."
> (DURDEL 2001, S. 35)

Hierdurch können beispielsweise Ideensammlungen für die Planung eines Unterrichtsvorhabens oder für die Fixierung des Vorgehens bei Gruppenarbeitsprozessen rationell und effektiv gestaltet werden. Aber auch Eltern- und Lehrerkonferenzen lassen sich hierdurch auf neue Weise durchführen (vgl. EBENDA).

Insgesamt müssen Schüler lernen, dass Zeit nicht unbegrenzt zur Verfügung steht und jeder für die vernünftige Nutzung von Zeit selbst verantwortlich ist. Nicht alles, aber einiges können Schule und Unterricht dafür tun.

Eine **Entschleunigung** von Unterricht hingegen ist dringend geboten, wenn Schüler sich gründlich in einen bedeutsamen Sachverhalt vertiefen und nicht erst irgendwann zu Hause, sondern bereits in der Schule in Ruhe darüber nachdenken, nachlesen oder auch im Internet recherchieren sollen.

Dazu gehört auch, den Schülern Gelegenheit zu geben, an Problemen und Lösungswegen gemeinsam zu arbeiten, Brainstorming durchzuführen, sich untereinander auszutauschen und miteinander zu beraten, wie sie den anderen in der Klasse ihre Ergebnisse eindrucksvoll präsentieren können.

Bei diesem Punkt sind wir aber schon zu einer anderen Art von Unterricht vorgedrungen, die an deutschen Schulen zwar praktiziert wird, aber erst in wenigen Fällen. Sie wird aber weit über den hier genannten Ansatz hinaus zunehmend Verbreitung finden müssen, wenn deutsche Schulen und Schüler auch international besser bestehen wollen.

Ein weiteres Problem: Für den Berufsanfänger ist es oft schwer zu akzeptieren, dass jeder Schüler ein **individuelles** Lerntempo hat. Auch damit muss gerechnet werden. Das „Durchschnittstempo", wie es sich Lehrer – verständlicherweise – seit Jahrhunderten wünschen, gibt es nicht. Dem steht gerade heute eine wachsende Heterogenität von Kindern und Jugendlichen, die ja allseits beschworen wird, entgegen. Offenere Unterrichtsformen sind wahrscheinlich eines der probatesten Mittel, Schülern zu ermöglichen, nach ihrem individuellen Tempo zu lernen.

Es gibt ein weiteres Tempoproblem für den Berufsanfänger. Schon Studenten werden bei Praktika an Schulen häufig mit der Rede gestandener Lehrer konfrontiert: „Ich muss meinen Stoff schaffen." Und sie übernehmen diese Einstellung sehr schnell.

Aber müssen sie wirklich **ihren** Stoff schaffen?

Ich setze dagegen: Erstens gehört ihnen der Stoff ja gar nicht. Sie sind in einem guten Sinne Vermittler. Sie vermitteln zwischen Stoff und Schüler. Irgendetwas von diesem Stoff soll in den Besitz der Schüler übergehen. Wenn der Stoff nur ihnen gehörte, könnten sie doch damit machen, was sie möchten. Sie brauchten an die Schüler gar nicht zu denken. Aber: Lehrer werden dafür bezahlt, dass die Schüler etwas von diesem Stoff haben.

Zugegeben: Das war jetzt alles etwas sophistisch. Aber wäre es nicht eine Überlegung wert, welche Philosophie sich hinter solchen und ähnlichen Reden vielleicht unbewusst verbergen könnte? Und ob es nicht sinnvoll wäre, sich davon zu verabschieden?

Zeitmanagement erlernen – was gehört dazu?

Der bekannte Zeitexperte LOTHAR J. SEIWERT (1999) verweist darauf, dass es wahrscheinlich günstiger sei, von **Zeit-Balance** als von **Zeit-Management** zu sprechen. Der Terminus „Zeit-Management" hat in der Tat etwas Technokratisches an sich und könnte deshalb leicht abschreckend wirken. Ich versuche, Ihnen zum Abschluss dieses Kapitels eine Mischung von beiden anzubieten. Dabei unterteile ich aus pragmatischen Gründen in **Grundqualifikationen, Aufbauqualifikationen** und **Kür**.

Der zeitweise etwas aus der Mode geratene Begriff der Qualifikationen ist im Zusammenhang mit „Schlüsselqualifikationen" in den letzten Jahren für die allgemein bildende Schule wieder stärker verwendet worden. Deshalb greife ich ihn auf. Er scheint mir das Verhältnis zwischen Besitzen und Erwerben relativ gut widerspiegeln zu können. Zumindest möchte ich Qualifikationen in unserem Zusammenhang hier so verstanden wissen.

Vielleicht möchte der eine oder andere von Ihnen für sich selbst eine andere Zuordnung seines persönlichen Qualifikationsbedarfs treffen. Das wäre durchaus kein Verbrechen. Im Übrigen ist zunächst einmal jeder mit jedem Buch – auch mit diesem – allein. Die Folgen dessen, was er aufgenommen oder abgelehnt hat, spürt er ohnehin erst beim Austausch mit anderen oder beim Erproben.

Grundqualifikationen

❶ Realistische Bilanzierung der Aufgaben im Schuljahr und ebenso realistische Bilanzierung der zur Verfügung stehenden Zeit
(„Klasse 7 ist von Fach und Schülerklientel neu für mich: Die Vorbereitungszeit auf den Unterricht wird erheblich sein …" Das ist zwar eine relativ schlichte Erkenntnis, aber so zu handeln und auch alle Folgen zu bedenken ist eine schwierige Angelegenheit.)

❷ Prioritäten setzen und Ordnungen überlegen
(„Ich muss in diesem Schuljahr zuallererst an Klasse 7 denken." Oder: „Wenn ich nicht lerne, von meinem ständigen Frontalunterricht wegzukommen, werde ich das Schuljahr nicht überstehen. Damit muss ich jetzt beginnen …")

❸ Mich selbst und meine Bedürfnisse nicht vergessen
(„Ich will kein Hamster im Laufrad sein; wo liegen meine persönlichen Kraftquellen und wie kann ich am besten aus ihnen schöpfen?")

Aufbauqualifikationen

❶ Zeitreserven auffinden
(Die lassen sich auch im Schulbetrieb und mit den Kollegen und dem Schulleiter besprechen. Werden Sie aber nicht zu rasch mutlos. In einem funktionierenden System lässt sich oft nur mühsam etwas verändern. Alles braucht seine Zeit! Dazu gehört auch genügend Muße, um die Seele einmal baumeln zu lassen. Ohne schlechtes Gewissen. Nicht alles muss geplant werden …)

❷ Stärken in der Eigenzeitnutzung auffinden
In der Nutzung der Eigenzeit finden Sie die wichtigsten Zeitreserven. (Vielleicht sollte man die sogar aufschreiben und Jahr um Jahr fortschreiben?)

❸ Mit anderen Berufsanfängern über die Versuche ihrer persönlichen Zeit-Balance sprechen …

Kür

Prüfen Sie sich selbst und andere: Ist Zeitmangel tatsächlich immer ein Indiz für die Wichtigkeit eines Menschen?

Teil II   Acht Kapitel zum gemächlichen Lesen

Und ganz zum Abschluss des Kapitels einige **Sätze** zum **Nachdenken**. Ich fand sie bei ANDREAS FLITNER:

> „Ist … die Herrschaft der Lehrplanvorgaben und das ständige ‚Dafür haben wir keine Zeit' verträglich mit dem, was die eigentliche Aufgabe einer demokratischen Schule wäre: Erziehen zum selbstständigen Arbeiten, Denken und Verstehen? Gewiss: Lehrerinnen und Erzieher können nicht vorgeben im ‚Zeitwohlstand' zu leben; sie sind Glieder dieser Gesellschaft und damit auch dem Zwang ausgesetzt, mit ihrer Zeit und mit der Zeit der Kinder haushälterisch umzugehen. Aber zumindest die Spannung müssten sie wahrnehmen zwischen gefüllter und erfüllter Zeit, zwischen Lehrplantakt und dem Bedürfnis der Vertiefung, zwischen eigener Gehetztheit, die sich auch auf die Kinder überträgt, und einer Zuwendung, wie sie für das Gewinnen persönlicher Kräfte und geistiger Interessen erforderlich ist.
>
> Wie sagte unlängst ein Angolaner zu deutschen Kirchenmännern: ‚Ihr alle habt Uhren, aber ihr habt keine Zeit'."
>
> (FLITNER 2001, S. 12)

Literatur

DURDEL, ANJA: Zeit gewinnen. Strukturierungshilfen im Anschluss an Luhmann. In: PÄDAGOGIK. Weinheim 53/2001/3

FLITNER, ANDREAS: Pädagogische „Zeit" – Gedanken. Carpe diem und die Folgen. In: PÄDAGOGIK. Weinheim 53/2001/3

GRESSMANN, MICHAEL: Die Fundgrube für Vertretungsstunden in der Sekundarstufe. Frankfurt am Main 1992

GUDJONS, HERBERT (Hrsg.): Die Moderationsmethode in Schule und Unterricht. Hamburg 1998

KORNWACHS, KLAUS: Logik der Zeit – Zeit der Logik. Eine Einführung in die Zeitphilosophie. Münster – Hamburg – London 2001

NADOLNY, STEN: Die Entdeckung der Langsamkeit. München/Zürich 1991

Neue Zeiten. Themenheft: Lernende Schule, Seelze 3/2000/12

SEIWERT, LOTHAR J., unter Mitarbeit von ANN MCGEE-COOPER: Wenn du es eilig hast, gehe langsam. Das neue Zeit-Management in einer beschleunigten Welt. Sieben Schritte zur Zeitsouveränität und Effektivität. Frankfurt/New York 1999, 3. Auflage

Umgang mit Zeit. Themenschwerpunkt. PÄDAGOGIK, Weinheim 53/2001/3

5. Lernen gehört zum Beruf
   Aber wie lernt man als Erwachsener?

▶ Wenn man Neues lernen will, muss man bisher Gelerntes vergessen. So die Meinung von Institutionen. Mancher zumindest. Dürfen junge Lehrer sich das leisten? Was sollten sie lernen und vor allem wie? Welche Vorteile können sie nutzen, welche Genüsse bietet ihnen das Lernen, mit welchen Lernproblemen haben sie zu tun? In einer Zeit, in der lebenslanges Lernen gefordert wird, wichtige Fragen.
Und: Wie ist es um den Rollenwechsel junger Lehrer bestellt? ◀

Lernen beginnt mit Vergessen?

Sie gehören sicher auch zu denjenigen, die bereits mehrmals im Leben aufgefordert wurden, (fast) alles bisher Gelernte zu vergessen: Die weiterführenden Schulen fordern im Hinblick auf die Grundschulen dazu auf, die Universitäten tun das für die weiterführenden Schulen, die Ausbilder der zweiten Phase der Lehrerbildung für die Universität ...

Ich empfehle Ihnen, das nicht zu tun! Ganz abgesehen davon, dass es ziemlich sinnlos wäre, wenn eine Gesellschaft so viel in den Aufbau von Qualifikationen junger Menschen investierte, um dann ebenso vehement zu fordern, dieses umgehend wieder zu den Akten zu legen.

Selbst wenn auch Sie persönlich mit Ihrem bisherigen Lernweg unzufrieden sind, sollten Sie darüber nachdenken, wovon Sie denn trotz allem in den verschiedenen Institutionen und durch die Zusammenarbeit mit unterschiedlichen Menschen profitiert haben. HELLMUT BECKER, wohl einer der bedeutendsten Aufklärer unserer Zeit, hat vor Jahren geschrieben:

> „Ich habe einmal einen Vortrag in New York gehalten, da ist in der Diskussion ein Student aufgestanden und hat mich gefragt: ‚Warum glauben Sie eigentlich, dass gute Schulen qualifiziertere Menschen hervorbringen, das ist doch reiner Aberglaube!' Und dann hat er mir klargemacht, er hätte schreckliche Eltern und wäre auf acht fürchterlichen Schulen gewesen. Doch eigentlich verdanke er dem Ärger über die Eltern und über die Schulen, dass er überhaupt etwas geworden wäre ..."
>
> (BECKER/HAGER 1992 b, S. 194)

Gelernt hat dieser Student also auch unter eher widrigen Umständen. Und gerade unter diesen. Er hat unangenehme Erfahrungen nicht verdrängt und vergessen. Allerdings ist zu fragen, bis zu welchem Punkt ein solches Lernen überhaupt anzustreben ist und wann Gefahr besteht, die weitere Lust am Lernen abzutöten und den Menschen in seiner Entwicklung zu beeinträchtigen.

Ein völlig anderes Beispiel: Eine Studentin sagte mir kürzlich nach sechs Wochen Praktikum an einer Schule: „So wie Frau X möchte ich einmal nicht werden."

Sie hatte beobachtet und geprüft und mit Sicherheit lange darüber nachgedacht. Offenbar war der Eindruck dieser älteren Lehrerin so stark, dass sie ihn nicht vergessen wird, vielleicht auch gar nicht vergessen möchte. Die Erinnerung daran kann sie unter Umständen auf lange Zeit schützen.

Apologeten des Vergessens sollten immer mit einem gewissen kritischen Abstand betrachtet werden. Aufforderungen zum Vergessen können das sinnvolle Nutzen unterschiedlicher Erfahrungen, das eigene Nachdenken und das Auffinden andersartiger Wege behindern.

Zuweilen ist daran allerdings lediglich die „Aufbesserung" des eigenen Status der Apologeten des Vergessens gebunden ...

5. Lernen gehört zum Beruf

Über Qualen und Freuden, einen eigenen Weg des Lernens zu finden

Für den einen oder anderen gehört Lernen nach wie vor zum Kindes- und Jugendalter, obwohl die Notwendigkeit lebenslangen Lernens inzwischen kaum noch abgestritten wird. Wie es der Einzelne dann jedoch persönlich damit hält, steht auf einem anderen Blatt. Richten Sie sich als Junglehrer nicht selbst Barrieren auf, indem Sie sich mehr oder weniger als „fertig" verstehen. Für das Lernen gibt es nie ein Ende. Sogar Menschen, die von einer unheilbaren Krankheit betroffen wurden und die wissen, dass sie nicht mehr lange leben werden, lernen gerade in solchen unendlich schwierigen Phasen weiter: Sie lernen, mit ihrer Krankheit und auch mit dem Gedanken an den Tod umzugehen.

Lernen ist also in der Tat ein immerwährender Prozess. Dabei sollten Berufseinsteiger vor allem verinnerlichen, dass es nach dem Abschluss aller entscheidenden Prüfungen für den Beruf nicht nur notwendig ist weiterzulernen, sondern dass sie die veränderte Lernsituation sogar genießen können und sollten!

Welche neuen Möglichkeiten erschließen sich Ihnen beispielweise (als Erwachsener) beim Lernen?

Sie können im Wesentlichen selbst entscheiden, was sie lernen möchten. Kein anderer gibt Ihnen noch einen Plan für das vor, was Sie jetzt lernen sollten. Das Lernfeld, die Lerngelegenheiten, das Pensum usw. bestimmen Sie selbst. Das war an den Schulen anders, die Sie in Ihrem bisherigen Leben besucht haben. Das war an der Universität anders, obwohl die Mitbestimmungsmöglichkeiten für Studenten dort zweifellos in den letzten Jahren gewachsen sind. Das war während der Ausbildung im Referendariat anders.

Jetzt liegt jegliche Entscheidung allein bei Ihnen. Allerdings: **Völlig frei sind Sie nicht.** Das war nicht einmal Robinson Crusoe auf seiner Insel! Welche Zwänge existieren für Sie?

❶ **Zuallererst** gibt es **Lehr- oder Rahmenpläne.** Die Freiheiten, die Sie bei ihrer Umsetzung haben, sind allerdings viel größer als Sie annehmen oder von anderen mitgeteilt bekommen. Auf jeden Fall aber müssen Sie sich neue stoffliche Details, Zusammenhänge, Erkenntnisse für das Fach, das Sie unterrichten, aneignen. Über die Auswahl und die Intensität der Beschäftigung damit entscheiden Sie allein. Für die Folgen – ob Freude oder Ärger – haften Sie natürlich auch allein.

❷ Zum **anderen** gibt es den Zwang, den Ihnen die Verhaltensweisen von **Schülern** auferlegen (vgl. zum Beispiel Hensel 1995, S. 19ff). Weder Jammern noch Resignation sind da geeignete Auswege. Wenn Sie feststellen, dass Ihnen die Schüler auf der Nase herumtanzen, müssen Sie handeln. Das

57

heißt, Sie müssen sich weiteres Wissen über die Schüler, über die Botschaften, die von Störungen ausgehen, über Gesprächsführung mit Schülern, über das Einbeziehen des Klassenrates usw. aneignen. Nicht alles haben Sie in der Tat hierzu schon gelernt. Das ist auch kein Versäumnis der Institutionen, mit denen Sie bisher zu tun hatten. **Auf jede Eventualität im Unterrichtsalltag können Lehrer gar nicht vorbereitet werden.** Ganz abgesehen davon, dass eine solche Vorbereitungsmanie jeden jungen Lehrer entmündigte. Es müsste ja versucht werden, ihm jegliche Entscheidung zu ersparen. Würden Sie das wollen? Im Übrigen hat die Praxis eigene Gesetze! Darauf bin ich bereits eingegangen.

❸ Zum **Dritten** gibt es Zwänge, die **in Ihnen selbst** liegen: Sie halten es mit sich selbst nicht mehr aus (vgl. MEYER 1998, S. 9). Sie sind unzufrieden, lustlos, hatten völlig andere Vorstellungen von Ihrer Tätigkeit an der Schule. Sie befinden sich aber nicht im Stadium der Resignation. Das würde Sie handlungsunfähig werden lassen. Sie wollen vielmehr aus Ihrem jetzigen Zustand heraus, etwas Neues ausprobieren – ob Sie zunächst mit Ihrer Frisur beginnen oder mit einer anderen Art zu unterrichten: Ein neuer Anfang muss sein. Und mit einem neuen Anfang lernen Sie. Zunächst einmal, ob und wie Sie damit zurechtkommen. Sie nehmen sich weitere Schritte vor, probieren sie aus, verwerfen oder vervollkommnen sie.

Welche neue Möglichkeiten haben Sie weiterhin beim Lernen in Ihrer jetzigen Situation:

● Sie können im Wesentlichen die Bedingungen Ihres Lernens selbst festlegen. Das heißt, dass Sie selbst bestimmen, wann Sie sich einem Problem zuwenden, wie viel Sie an Zeit investieren möchten, ob Sie sich en passant damit beschäftigen wollen (zum Beispiel, wenn Sie in der Badewanne liegen, Staub saugen, spazieren gehen) oder es direkt und konzentriert an Ihrem Schreibtisch tun möchten. Sie können selbst festlegen, wann Sie genug haben, wann Sie etwas fortsetzen oder ob Sie es vielleicht nie mehr anrühren möchten (vorausgesetzt: Die äußeren Zwänge sind nicht so). Sie können mehrere Dinge parallel verfolgen oder sich nacheinander damit beschäftigen.

● Sie können kompetente Hilfe nutzen oder nur eine Anregung durch eine vertraute Person suchen oder alles mit sich allein abmachen.
Gewinnen werden Sie sicher, wenn Sie sich fachlicher Unterstützung – wo immer sie sich anbietet – versichern. Wenn es um Probleme und Verhaltensweisen von Schülern geht, sollten die Eltern keinesfalls ausgeschlossen werden, aber auch Beratungslehrer und andere Beratungsstellen können Sie unterstützen.

5. Lernen gehört zum Beruf

● Sie können sich einen Plan aufstellen, in dem Sie für sich selbst Ziele festhalten, die Sie gern erreichen möchten, und Sie können von Fall zu Fall entscheiden, was Sie unbedingt genauer wissen, genauer lernen möchten.

Das Lernen, das Sie für sich festlegen, kann einer strengen Systematik folgen
(auch Lehrbücher sind hier keinesfalls von Schaden), aber es kann auch dem
Springen zwischen Inseln gleichen. Alles das ist allein Ihre Entscheidung. Wenn
Sie sich allerdings für die Übernahme einer höheren Position qualifizieren wol-
len, sind Sie der Systematik und den Zwängen dieses Vorhabens verpflichtet.
Doch davon soll hier und im Weiteren nicht die Rede sein. Dazu gibt es andere,
Sie besser instruierende Literatur als dieses Büchlein.

Alles, was Sie zu Beginn Ihres Berufsanfangs für lernwürdig und lerner-
forderlich halten, ist allein von Ihrem freien Willen abhängig. Nicht einmal der
Erfolg wird von irgendjemandem festgestellt (es sei denn, es handelt sich um
vorgeschriebene dienstliche Beurteilungen) oder gar kontrolliert. Nur Ihre
Selbstkontrolle zählt. Nein, nicht ganz: Wenn Ihre Schüler oder die Eltern auf
Dauer nicht mit Ihnen zufrieden sind oder die Kollegen Sie mobben, müssen Sie
schon prüfen, ob Sie das richtige gelernt haben. Letztendlich zählt nicht Ihre
gute Absicht, sondern das, was bewirkt wurde.

Der Abschnitt kann nicht beendet werden ohne festzustellen, dass Lernen
niemals ausschließlich auf die Profession gerichtet sein kann. Lernen muss und
kann vielen Zwecken dienen. Ein Mensch, der beispielsweise den Mount Eve-
rest erstiegen hat, wird wahrscheinlich nicht gelernt haben, wie das Lernen an
Stationen sinnvoller und ertragreicher zu gestalten ist. Aber er wird eine unglaubliche Horizonterweiterung erfahren und sich selbst bezwungen haben.
Das Lernen auf anderen als den schulischen Wegen und nicht nur für die un-
mittelbare Bewältigung des Unterrichts ist gerade für junge Lehrer ein großer
Gewinn. Ich erinnere an das Problem der notwendigen Balance zwischen allen
Lebensbereichen, die jeder junge Lehrer stets im Auge haben sollte.

Ein Check: eigene Stärken, eigene Schwächen

Wenn man lernen will, ist es zweckmäßig, sich zunächst seiner eigenen Stärken
und Schwächen zu versichern.

Zu den **Stärken** von Berufsanfängern gehören zweifellos:

● **die langjährige und in der Regel gründliche wissenschaftliche Ausbildung.**
Noch nie gab es in der Geschichte von Schule und Unterricht eine so gute
und gemeinsame Ausbildung für Lehrer aller Schulformen, die in der Regel
(!), aber zumindest in zahlreichen Einzelfällen in angemessener Weise fach-

wissenschaftliche und pädagogische Komponenten umfasst. Die zahlreichen Probleme, die es dabei gibt, sind glücklicherweise in der Diskussion und werden es bleiben. Man kann nur hoffen, dass die Kultusminister den Empfehlungen der von TERHART geleiteten Kommission folgen (vgl. TERHART [Hrsg.] 2000, S. 92 ff.) und keine zu raschen Lösungen für eine weitere Qualitätserhöhung der Lehrerbildung favorisieren werden. Das unabdingbare Weiterlernen junger Lehrer kann also jetzt schon theoretisch auf hohem Niveau erfolgen;

● **ein Berufseinstieg in Zeiten echten Bedarfs.**
Die Berufseinsteiger kommen zu einer Zeit an die Schule, in der in vielen Regionen Deutschlands die Jahre während Einstellungsflaute für junge Lehrer überwunden ist und junge Lehrer wirklich gebraucht werden.
Sie werden von der Gesellschaft gebraucht, aber auch von Schülern sehnlich erwartet.
Das tatsächliche Gebrauchtwerden ist ein bedeutsames Pfund, mit dem junge Lehrer wuchern können. Viele gut ausgebildete junge Lehrer hatten diese Chance in vergangenen Jahren nicht.
Mit diesem neuen „Einstellungshoch" steigt auch die Chance, Schule zu verändern, was ja für viele Studenten während des Studiums ein sehr wesentliches Ziel gewesen ist. Das Anpassungsproblem der ersten Zeit ist allerdings zu berücksichtigen.
Berufsanfänger können also in der Regel mit freundlichen Erwartungen an sie rechnen und ebenso damit, dass in ihnen wichtige Hoffnungsträger für die weitere Entwicklung von Schule und Unterricht gesehen werden;

● **eine persönlich stärkere Nähe zur Erfahrungswelt der Schüler als manch erfahrener Kollege sie hat** (vgl. BUSSE 1998, S. 89).
Das betrifft zum Beispiel die Kenntnis der Kinder- und Jugendkultur, die Kenntnis heutiger Lebensprobleme von Kindern und Jugendlichen, einen ebenso selbstverständlichen Umgang mit neuen Medien usw.;

● **umfassendere Kenntnisse und Fähigkeiten als vorige Generationen.**
Es kann damit gerechnet werden, dass Berufsanfänger durch die Entwicklungen in der Gesellschaft, an Schulen und an Universitäten ein Mehr an Weltblick, Sprachenkenntnis und Solidaritätsfähigkeit erworben haben als bisher. Damit wachsen die Voraussetzungen dafür, Schule und Unterricht kontinuierlich an internationalen Standards zu prüfen und weiterzuentwickeln. Nicht zuletzt sind hiermit viele Vorteile für die Erziehung der Schüler verbunden.

Die Stärken von Berufsanfängern fallen bei jedem Einzelnen unterschiedlich aus und unterschiedlich ins Gewicht. Das gilt auch für die **Schwächen**. Welche

Grundhaltung zu eigenen Schwächen und Defiziten aufgebaut werden sollte, wurde in Kapitel 2 erörtert. Auf jeden Fall ist es günstig, wenn jeder Anfänger auf diesem Hintergrund hin und wieder persönliche Zwischenbilanzen zieht:

- Bin ich im Allgemeinen gut genug auf meinem Unterricht vorbereitet? In welcher Beziehung mache ich es mir vielleicht zu leicht? Wobei habe ich besondere Schwierigkeiten (inhaltlich und „technisch")?

- Bin ich im Prinzip darauf eingestellt, dass Unterricht auch anders als geplant verlaufen kann?

- Bin ich bereits in der Lage, auf Unvorhergesehenes mit einer gewissen Souveränität zu reagieren, oder verliere ich sofort den Überblick?

- Verliere ich zu schnell die Nerven, wenn ich mich provoziert fühle?

So ein persönlicher Check zu den eigenen Stärken und Schwächen ist beliebig ergänzbar. Eine Mammut-Analyse sollte aber nicht daraus werden. Da verliert man den Überblick und setzt sich zudem permanent unter Druck, vielleicht etwas vergessen zu haben. Wenig auszuwählen, auch hier also Prioritäten zu setzen, ist weitaus sinnvoller. Irgendwann wollen Sie ja etwas verändern. Und alles zu gleicher Zeit und in gleicher Güte zu verändern ist ohnehin nicht möglich. Aber auch das muss man lernen.

Über die Befreiung von erworbenen Abhängigkeiten

Jeder Mensch hat Leitbilder. Zu meiner Schulzeit wollten mindestens zehn Schüler (von 38) unserer Klasse unbedingt Lehrer werden. Natürlich wollten alle so werden wie unsere Lieblingslehrerin: gerecht, natürlich, nett, einfallsreich, sportlich usw. Und alle wollten eine so glückliche Hand wie sie bei der Züchtung von Seidenraupen haben. Die ganze Klasse entblätterte nämlich damals alle Maulbeerbäume und -sträucher in unserer Umgebung, um Futter für die gefräßigen Tiere zu bekommen. Unsere verehrte Lehrerin dirigierte die gesamten Aktionen.

Wir suchten nicht nur das Futter für die Seidenraupen, wir mochten sie auch.

Vor allem lauschten wir andächtig, wenn die Tiere sich durch die Berge von Blättern hindurchfraßen. Ein unbeschreibliches Geräusch!

Auch ich war seidenraupeninfiziert. Und als ich das erste Mal in meinem Leben in China war, besuchte ich gleich eine Seidenraupenzucht.

Einige aus unserer Klasse sind wirklich Lehrer geworden.

Zum Glück nur wenige.

Wie unsere Lehrerin wurden sie alle nicht. Ebenfalls zum Glück (für die Schüler und für sich selbst). Sie wären wohl nur eine schlechte Kopie geworden. Dennoch gibt es noch heute genügend junge Lehrer, die den Beruf wegen **ihrer** Lehrer gewählt haben. Weniger weil sie etwas anders machen wollten (siehe mein Beispiel im ersten Absatz dieses Kapitels), sondern weil sie im Wesentlichen so werden und unterrichten wollten wie Lehrer, die sie selbst erlebt hatten. Ist das so schlecht? Wahrscheinlich nicht. Zumindest nicht immer.

Zu dieser – manchmal bereits viele Jahre währenden – „Abhängigkeit im Geiste" treten während der Ausbildung noch viele weitere hinzu. Nicht alle sind vernünftig. Sie werden mehr oder weniger systematisch erzeugt: Der Dozent an der Universität, der die Studenten auf Praktika begleitet, hat in der Regel ein bestimmtes Repertoire an Anforderungen, der betreuende Lehrer auch, die Ausbilder im Referendariat und die Mentoren ebenfalls. So entstehen weitere Prägungen, die umso schwerwiegender sind, als sie häufig Prüfungsrelevanz haben. Einschätzungen und Wertungen basieren hierauf und können nicht selten schicksalsbestimmend werden oder zumindest von den Betroffenen so für sich selbst verbucht werden. Natürlich kann ein Betroffener sich immer wehren. Wenn Hartmut von Hentig für die Bielefelder Laborschule das Recht jedes Kindes auf begründeten Widerspruch propagiert, so sollte das für angehende Lehrer auf jeden Fall auch Gültigkeit besitzen.

Aber sind Universitäten und Ausbildungsseminare überhaupt schon so beschaffen, dass die Wahrnehmung eines solchen Rechtes gelehrt, gefördert und kultiviert wird?

Auch im Schuldienst selbst können sich Abhängigkeiten fortsetzen. Können, aber müssen nicht.

Wovor sollte man sich **schützen**: Vor allem davor, jeden noch so gut gemeinten Ratschlag sofort und unreflektiert zu übernehmen.

Ein Beispiel: Eine junge Geschichtslehrerin hatte nie gelernt, spannend zu erzählen. Sie kam mit Frau X ins Gespräch. Deren Geschichtsunterricht lebt von spannenden Erzählungen. Die Schüler sind immer angetan, Frau X selbst ist voller Befriedigung.

Sie hat zu Hause eine große Bibliothek – seit Jahren komplettiert –, die ihr hilft, Geschichte lebendig werden zu lassen. Sie hat eine warme, modulationsfähige Stimme, schulte über Jahre ihre Erzählstrategie und weiß genau, welche Redewendungen sie sich zweckmäßigerweise vorab notiert. Sie weiß, wann sie frei sprechen sollte, und ist immer darauf eingestellt, auf die Reaktionen der Klasse einzugehen. Tonband und Spiegel gehören zu ihren häuslichen Arbeitsinstrumenten. Viel Aufwand? Ja! Aber die Schüler und ihre eigene Zufriedenheit bestätigen sie immer dann, wenn sie Erzählungen in ihrem Unterricht einsetzt. Sie gehören zu ihrem ganz individuellen Unterrichtsstil. Die Schüler registrieren, dass das gleichsam zu ihr „passt".

Frau X lässt die junge Kollegin ihren Unterricht besuchen, berichtet ihr einiges über ihren persönlichen Stil. Die junge Kollegin ist begeistert. Ob aus Dankbarkeit oder aus Neugier: Auf jeden Fall nutzt sie die Deutschstunde am nächsten Tag, um zu erzählen. Ohne übermäßige Vorbereitung, ohne sich selbst nochmals gründlich zu prüfen. Das Fiasko war unausweichlich ...

Ähnlich verhält es sich mit Ratschlägen zum Strengsein oder solchen zu besonders liberalem Verhalten den Schülern gegenüber. Wieder **zwei Beispiele**:

Kollege Y empfiehlt einem Berufsanfänger, nur ja keine Kompromisse einzugehen. Er solle vielmehr fordern, dass er als Autorität akzeptiert werde und keinesfalls den Schülern in irgendeiner Weise zu sehr entgegenkommen.

Kollege Z hingegen empfiehlt einer anderen Berufsanfängerin, den Schülern möglichst weit entgegenzukommen, zum Beispiel schon in Kleidung und Sprache zu zeigen, dass der Altersunterschied nicht so groß sei und deutlich zu machen, dass man sich auf der „Kumpelebene" ganz sicher verständigen könne.

Kollege X war ein erfahrener Kollege, der an der Schule eine natürliche Autorität erworben hatte und gar nicht ständig erneut auf seinen Status als „Autoritätsperson" verweisen musste. Zum Glück hat der junge Kollege die Lage richtig eingeschätzt und gar nicht erst versucht – ohne entsprechende Voraussetzungen – seine eigene uneingeschränkte Akzeptanz durch die Schüler zu fordern.

Seine junge Kollegin war weniger kritisch und weniger sorgsam, begab sich rasch auf die „Kumpelebene", hatte zunächst auch einen gewissen Erfolg damit, verlor aber bald an Achtung unter den Schülern. Übrigens wechselte sie nach einiger Zeit die Schule. Nicht ohne den festen Vorsatz: Das passiert mir nie wieder.

In Kapitel 12 werde ich auf solche Probleme zurückkommen.

Das Problem der Lernverweigerung von Lehrern

Mancher Berufsanfänger wird mit Staunen zur Kenntnis nehmen, wie „zufrieden" der eine oder andere Kollege mit sich und seinem Wissen und Können ist. Das gilt keineswegs nur für lange im Dienst befindliche Kollegen. Vielmehr hat sich auch manch junger Kollege schon mit einer Art Glorienschein umgeben: „Meine Ausbildung ist abgeschlossen. Ich bin fitter als andere. Soll erst einmal mein Stand von allen erreicht werden." Zu meiner großen Verwunderung sagte mir kürzlich bereits ein Student: „Wenn ich an die Schule komme, kann ich verlangen, dass die Schüler mich als Autorität akzeptieren. Schließlich habe ich lange genug studiert. Da kann ich das erwarten."

Ich schwieg. Ziemlich betroffen.

Besonders lernwillig wird sich dieser junge Mann an der Schule nicht zeigen ...

Die Ursachen für Lernverweigerung sind sicher vielfältiger Art. In jedem Falle aber versperren Lernverweigerungen dem jungen Lehrer die Freude an seinem Beruf und beeinträchtigen das Erlangen von Berufszufriedenheit. Es ist nicht auszuschließen, dass dann die weiteren Berufsjahre zur Qual werden könnten. Selbst wenn es gelingt, Rechtfertigungsstrategien vor sich selbst zu entwickeln.

Lernverweigerungen und ähnliche Phänomene beschäftigen Erwachsenenbildner schon sehr lange. Zum Beispiel liegen aufschlussreiche Untersuchungen zu Lernhemmungen vor (vgl. Nezel 1992, S. 154 ff.). Indikatoren für Lernhemmungen liegen:

- im Motivationsbereich
  (z. B. Unlust, Gleichgültigkeit)

- im Einstellungsbereich
  (z. B. prinzipieller Widerstand gegen Neues, Stereotypisierung der Einstellung)

- im Lehrerverhalten
  (z. B. selektive, eingeengte Wahrnehmung, Tendenz zum Aufstellen falscher Gegensätze, Verzicht auf Informiertheit)

- im kognitiv-geistigen Bereich
  (z. B. einseitiger Erfahrungsbezug des Denkens, Verlust der Fähigkeit zum intellektuellen Lernen, Verzicht auf frühere Interessen/Hobbys)

- im sozial-affektiven Bereich
  (z. B. Vorherrschen des Nützlichkeitsdenkens, Einschränkung der Kontakte zu anderen Menschen, Wechsel zwischen Selbstüberschätzung und Selbstzweifel, Abnahme der Fähigkeit, Stress abzuwehren)

Ich habe dies alles für Sie gleichsam als Warnung vor Uninformiert-Sein und als Anregung für gelegentliche Selbstkontrolle angeführt. Lebenslanges Lernen sollte sowohl genussvollen Umgang mit seinen eigenen Fähigkeiten und Möglichkeiten, als auch eine gewisse „Strenge" in der Selbstüberprüfung einschließen. Vielleicht lassen sich ja Probleme – so man sie rechtzeitig bemerkt – ohne allzu großen Aufwand aus der Welt schaffen.

Auf jeden Fall wäre ein Lehrer, der nicht auch zugleich ein Lerner wäre, kein beneidenswerter Mensch. In unserer Gesellschaft ist das LLL (lebenslanges Lernen) nun einmal ein wichtiger Faktor. Und für Menschen, die andere Menschen lehren, schon allemal. Insofern ist es sowohl eine Mentalitätsfrage, quasi ein berufskulturelles Element, als auch eine Frage der Nutzung institutionalisierter Formen, also der Lehrerfort- und -weiterbildung, bei der allerdings gerade für die Berufsanfänger noch manches im Argen liegt.

Die Schwierigkeiten des Rollenwechsels bei jungen Lehrern

Junge Lehrer sind in kurzer Zeit bereits in viele Rollen geschlüpft (oder haben sich damit abgequält …): Nach dem Abitur wurden sie Lehrerstudenten, realisierten Praktika als angehende Lehrer, fühlten sich aber innerhalb des normalen Ausbildungsbetriebes nicht selten als Schüler oder gaben sich selbst so. Der Rollenwechsel wurde in der zweiten Phase der Ausbildung noch komplizierter: Neben die Schülerrolle im Studienseminar trat die Novizenrolle an der Schule und die Lehrerrolle vor der Klasse (vgl. TERHART 2000, S. 118).

Mit so vielen Rollenwechseln hat jeder junge Lehrer, wenn er ganz in den Schuldienst tritt, nicht mehr zu tun. Er **ist** seinem Status nach Lehrer. Das heißt nicht, dass er von den Schülern, von Kollegen und Eltern bedingungslos akzeptiert wird. Akzeptanz muss erworben werden. Gerade in den ersten Berufsjahren. Sich dabei auf ständige Lernprozesse einzustellen, ist eine der wichtigsten Voraussetzungen dafür.

Selbst wenn man nur noch eine Rolle auszufüllen hat, eben die des Lehrers, ist dies allerdings schon schwierig genug. Mit welchem Pfund Sie dabei wuchern können, habe ich darzustellen versucht.

Lernen wie Erwachsene – was gehört dazu?

Ich fasse zusammen und folge wieder meiner Zuordnung zu **Grundqualifikationen**, **Aufbauqualifikationen** und **Kür**, wie ich das im Kapitel zur Zeit begonnen habe. Es gibt hier wiederum die gleichen Einschränkungen und Ermutigungen.

Grundqualifikationen

❶ Die Notwendigkeit (und Vorzüge?) eines Rollenwechsels annehmen.

❷ Abhängigkeiten genau bilanzieren und festlegen, von welchen unbedingt eine Ablösung erforderlich ist, um im Beruf wirklich frei zu werden. Prüfen Sie aber auch immer, was Sie gern übernehmen beziehungsweise beibehalten möchten.

❸ Sich unerschrocken eigene Stärken bewusst machen.
(Sie müssen ja keine Liste davon im Lehrerzimmer aushängen! Das Fixieren von Schwächen oder Defiziten ist aber mindestens ebenso wichtig.)

❹ Lernen Sie, dass es ein Genuss sein kann, in Ihrer neuen Position zu lernen, und zwar auf ganz neue Weise.

❺ Versuchen Sie aber auch, sich so oft es geht in die Lage zu versetzen, wie Kinder und Jugendliche lernen.

Aufbauqualifikationen

Versäumen Sie nicht, sich hin und wieder bewusst zu machen, in welchen Situationen Ihres Lebens Sie – über die unmittelbaren Erfordernisse Ihres Berufs hinaus – am meisten gelernt haben

Kür

Lernen Sie – wo immer es möglich ist – zu spielen, sofern Sie das nicht ohnehin schon tun.

Spielen erweitert Ihren Horizont, hilft Ihnen, Kinder und Jugendliche besser zu verstehen, verhilft Ihnen zu Entspannung.

Erwachsene, die das Spielen verlernt haben, sind keine guten Ansprechpartner für Kinder und Jugendliche.

Einige Sätze zum **Nachdenken**. Ich fand sie diesmal bei HELLMUT BECKER:

> „Heute werden in der ganzen Welt immer mehr Menschen ausgebildet, die keine ihrer Vorbildung entsprechende berufliche Erfüllung erreichen können. Man spricht daher – meiner Ansicht nach zu Unrecht – von Überqualifikation oder Unterbeschäftigung. Die Menschen müssen lernen, mit der Bildung zu leben. Wir müssen neue Berufsbilder entwerfen, und die Menschen müssen verstehen, dass Bildung nicht nur dem Beruf, sondern auch dem Leben in der Gemeinschaft und der sehr persönlichen Entfaltung dient. Erwachsenenausbildung muss dafür sorgen, dass Bildung zum Glück und zur Entfaltung des Einzelnen beiträgt und nicht sein Unglück wird."
> (BECKER 1992, S. 81)

Literatur

BECKER, HELLMUT: Widersprüche aushalten! Aufgaben der Bildung in unserer Zeit. Herausgegeben von Frithjof Hager. München. Zürich 1992 a

BECKER, HELLMUT/HAGER, FRITHJOF: Aufklärung als Beruf. Gespräche über Bildung und Politik. München, Zürich 1992 b

BUSSE, DORIT: Routinen durchbrechen. Junge Kolleginnen und Kollegen helfen, Schule neu zu sehen. In: Arbeitsplatz Schule. Friedrich Jahresheft 1998, Seelze 1998

HENSEL, HORST: Die neuen Kinder und die Erosion der alten Schule. Ein Essay zur inneren Schulreform. Lichtenau. München 1995 (7. Auflage)

HERRMANN, ULRICH/HERTRAMPH, HERBERT: Der Lehrer als Lerner. Ein Paradigmenwechsel für die Qualifizierung und Professionalität von Lehrern. In: PÄDAGOGIK, Weinheim 52/2000/6

MEYER, HILBERT: Was ist eine lernende Schule? Supplement zu: Lernende Schule, Seelze 1/1998/1

NACKE, BERNHARD/DOHMEN, GÜNTHER (Hrsg.): Lebenslanges Lernen. Erfahrungen und Anregungen aus Wissenschaft und Praxis. Würzburg 1996

NEZEL, IVO: Allgemeine Didaktik der Erwachsenenbildung. Bern. Stuttgart. Wien 1992

SCHULZ VON THUN, FRIEDEMANN: Miteinander reden. Störungen und Klärungen. Allgemeine Psychologie der Kommunikation. Reinbek bei Hamburg 1994

TERHART, EWALD (Hrsg.): Perspektiven der Lehrerbildung in Deutschland. Abschlussbericht der von der Kultusministerkonferenz eingesetzten Kommission. Weinheim und Basel 2000

6. Wie wirke ich auf Schüler? Es heißt, der Lehrer solle natürlich sein …

▶ Lernen muss ein junger Lehrer auch vieles über sich selbst, über den „Einsatz" seiner Person und seine Wirkung auf die Schüler. Auf welche Annahmen und Lehrerbilder kann er dabei treffen? Drei von vielen möglichen werden vorgestellt. Gestatten diese es überhaupt noch einem jungen Lehrer, er selbst zu sein? Wie sollte er sich präsentieren? Vor allem: Soll er wie ein Schauspieler auftreten? Wie verhält es sich mit seiner Körpersprache und: Ist ungeschicktes Auftreten reparabel? ◀

Das vorige Kapitel über das Lernen blieb recht unvollständig. Aber sicher ist so vieles mit dem Lernen verbunden und auch individuell so Unterschiedliches, dass Unvollständigkeit unvermeidbar ist. Dennoch muss ein etwas umfassenderer „Nachtrag" erfolgen, denn die eigene Person und das eigene Verhalten sind für junge Lehrer ebenfalls eminent wichtige Problemkreise, in deren Umfeld es viel zu lernen gibt. Schauen wir in die Pädagogiken und in die Ratschlagliteratur älteren Datums, so begegnen wir entsprechenden „Hinweisen zur Person" (ich nenne das der Einfachheit halber einmal so) auf Schritt und Tritt. Den Geheimen Regierungsrat und Königlichen Gymnasialdirektor GOTTLIEB LEUCHTENBERGER kennen Sie ja bereits. Er empfahl u. a.:

- „Sitze nicht in der Klasse, sondern stehe. Stemme die Hände nicht in die Hüften, noch stecke sie in die Taschen; verschlinge auch die Arme nicht über der Brust.

- Dein Wesen sei ernst … Wolle nicht Witze machen. Hast du aber erst eine feste Stellung bei den Schülern, so brauchst du vor einem harmlosen und ungekünstelten Scherz nicht zurückzuschrecken.

- Den Hut nimmst du vor der Klassentür ab und setzest ihn auch erst vor der Klassentür wieder auf.

- Immer umfasse und halte mit dem Blick alle Schüler …

- Sage es dir täglich, daß du der Schüler wegen da bist, nicht diese deinetwegen."
  (LEUCHTENBERGER 1909, S. 2 ff.)

Auf die spezielle Literatur für Frauen will ich hier verzichten …

Selbst wenn viele dieser Empfehlungen heute belächelt werden, bleibt dennoch die Intention, dem jungen Lehrer Unterstützung und möglicherweise auch Sicherheit bei der Bewältigung der ersten Schritte im Beruf geben zu wollen, erkenntlich. Zuweilen wird heute von solch „simplen" Hinweisen Abstand genommen. Auch hier muss ich wieder sagen: leider und ganz im Gegensatz zu Fort- und Weiterbildungsliteratur anderer Gebiete. Unterrichten, Schule gestalten, ist nicht nur gekonnte Anwendung von Methoden, sondern immer auch mit dem Einbringen der eigenen Person verbunden. Und manch ein junger Lehrer scheitert schon in den ersten Wochen, weil er gewisse Spielregeln nicht beherrscht. Zuweilen gar nicht weiß, dass es sie gibt. Ausschließlich mit der viel beschworenen Natürlichkeit ist der Berufsstart nicht zu bewältigen.

Falsche Annahmen – falsches Verhalten?

Viele Lehrer erwarten von ihren Schülern, geliebt zu werden. Um niemandem zu nahe zu treten, wähle ich dafür ein Beispiel, das über hundert Jahre zurückliegt. Es ist einem der schönsten und aufschlussreichsten Bücher über Schule, Lehrer und Schüler entnommen, die zugänglich sind, dem Titel *Cuore* von Edmondo de Amicis aus dem Jahr 1886, 1988 in zweiter Auflage wieder erschienen. Dort ist über den Lehrer des Jungen, von dem im Buch hauptsächlich die Rede ist, zu lesen:

> „Als er damit zu Ende war, betrachtete er uns schweigend; dann sagte er leise mit seiner rauen, aber gütigen Stimme: ‚Hört! Wir haben ein ganzes Jahr miteinander zuzubringen. Sehen wir zu, dass wir gut miteinander auskommen! Lernt und seid brav! Ich habe keine Familie, meine Familie seid ihr. Letztes Jahr hatte ich noch meine Mutter: Sie ist gestorben, ich bin nun allein. Ich habe nur noch euch auf Erden, keinen anderen Gedanken als euch. Ihr sollt meine Söhne sein! Ich liebe euch und ihr müsst auch mich gern haben. Ich hoffe, dass ich niemals strafen muss. Zeigt mir, dass ihr Jungen mit Herz seid! Unsere Schule wird eine große Familie sein, und ihr werdet mein Trost und mein Stolz sein. Ihr braucht es mir nicht zu versprechen; ich bin sicher, dass ihr im Herzen schon Ja dazu gesagt habt. Dafür danke ich euch'.“
>
> (DE AMICIS 1988, S. 14)

Sicher haben solche Pakte – Ich gebe euch etwas und erwarte (selbstverständlich), dass ihr mir das honoriert – selten in der Geschichte funktioniert. Auch heute kann nur davor gewarnt werden, von Schülern definitiv eine Gegenleistung in Form von Wohlverhalten oder Ähnlichem zu erwarten, wenn man vielleicht annimmt, der eigene Einsatz rechtfertige das. Wahrscheinlich wird damit immer nur Unzufriedenheit produziert, es sei denn, es gäbe feste „vertragliche" Bindungen mit den Schülern zu genau definierten Problemfeldern. Doch dazu komme ich noch. Ich habe vorhin einen alten pädagogischen Satz aufgegriffen: **Der Lehrer ist für die Schüler da**. Dieser Satz gilt ständig. Gesellschaften leisten sich nicht Berufe und Berufsausbildungen, wenn daran nicht Wünsche und Verpflichtungen geknüpft würden. Unter diesem Erwartungsdruck steht jeder Lehrer, auch jeder Berufseinsteiger.

Das aber heißt keineswegs: Weil das so ist, sei jeder Lehrer gleichsam den Schülern ausgeliefert. Und er darf sich auch nicht damit abfinden, falls im Einzelfall solche Situationen entstehen sollten. Vielmehr muss sein Anliegen sein, solche Beziehungen zu den Schülern aufzubauen, die ihm helfen, seinen pädagogischen Auftrag zu erfüllen – und zwar unter **Einbeziehung** der Schüler. Wie schwer das zuweilen trotz bester Absichten sein kann, soll noch gezeigt werden. Was ein Lehrer tun kann, ebenfalls.

Das Lehrerbild der Schüler – für die Schüler sind Sie kein unbeschriebenes Blatt

Da jeder Mensch, ob alt oder jung, seine individuellen Erfahrungen mit Schule und Lehrern gemacht hat, kann auch jeder hierüber reden. Eine Schule wurde schließlich von jedem besucht. Vielleicht lassen sich allenfalls noch gewisse Parallelen zu Ärzten ziehen (siehe Kapitel 1).

Die Erfahrungen des Einzelnen können positiver, aber auch negativer Art sein. Jedenfalls hat es sich eingebürgert, die Schule und die Lehrer für all zu vieles, was in der Gesellschaft nicht funktioniert, verantwortlich zu machen. Das lässt sich natürlich auch positiv wenden und könnte vielleicht ein Indiz für die große Macht der Schule als Institution sein …

Dennoch kann das Meinungsbild, das über Schule im Umlauf ist, vor allem einem jungen Lehrer zu schaffen machen. Damit soll nicht gesagt werden, dass die Schule eine unangreifbare Institution sei, der man Unrecht täte, wenn sie kritisiert würde. Aber Kritik von Schule, die nur auf eigener Erfahrung beruht, ist ebenso angreifbar.

Als junger Lehrer werden oder wurden Sie erwartet. Welch selten günstige Ausgangsposition das ist, habe ich bereits zu verdeutlichen gesucht. Aber auf Sie wartet auch, was sich seit Jahrzehnten, ja zuweilen sogar über Jahrhunderte hinweg in vielen Köpfen an Meinungen über die Schule, vor allem über „die" Lehrer festgesetzt hat. Auch damit werden Sie konfrontiert werden und damit leben müssen. An einem Punkt, an dem nur Sie allein als ganz einmalige Persönlichkeit zur Kenntnis genommen werden, können Sie nicht beginnen bzw. bereits begonnen haben.

Welche Bilder, welche Typisierungen von Lehrern – positiver und weniger positiver Art – könnten auf Sie warten, von denen sich vielleicht Schüler, aber auch deren Eltern leiten lassen?

❶ Den ersten Typ möchte ich als **Lehrer-Lämpel-Typ** bezeichnen.

Wilhem Buschs Lehrer Lämpel hat schon weit über hundert Jahre hinter sich gebracht. Der erhobene Zeigefinger als Ausdruck der belehrenden Funktion von Lehrern qualifiziert ihn aber offenbar bis heute zum einprägsamen Symbol für Schule und Unterrichtsstil. Viele Publikationen, große Zeitungen, bedienen sich bis heute des Bildes von Lehrer Lämpel. Ich weiß nicht, ob der arme Wilhelm Busch glücklich darüber wäre. Fakt aber ist, dass Schule, Lehrer, Schüler sich pausenlos verändern können, bestimmte Bilder sich dennoch über die Zeitläufe hinweg halten.

Der Lehrer als ausschließlich Belehrender – dieses Verständnis hat auch für junge Lehrer eine Bedeutung. Wobei es durchaus im doppelten Sinne wirksam werden kann:

6. Wie wirke ich auf Schüler?

Belehrung wird erwartet. Belehrt ein junger Lehrer nicht genügend, kann er in die Kritik geraten.

Es wird **mehr** als Belehrung erwartet. Geschieht das nicht, ist ebenfalls Kritik zu erwarten.

❷ Den zweiten Typ möchte ich als **Lehrer-Keating-Typ** bezeichnen.

Wohl kaum ein Film hat unter Schülern höherer Klassen, Studenten, Lehrern, angehenden Lehrern, zahlreichen Eltern einen ähnlichen Kultstatus erreicht wie „Der Club der toten Dichter". Hanna Kiper schreibt über Lehrer Keating, eine der zentralen Figuren des Films:

> „Keating steht für anderen Unterricht, unorthodoxe Lehrmethoden, für eine Verpflichtung auf die Gegenwart, für Ermutigung zum Fühlen, für einen Perspektivenwechsel, für ein Brechen mit Gewohnheiten, Mut zum Unkonventionellen, Entdecken eigener Glaubenssätze und für das Infragestellen von Autoritäten."
> (Kiper 1998, S. 76)

Von einem wie Keating träumen viele Schüler. Und sicher haben sich manche Fernsehserien, die in deutschen Wohnzimmern jahrelang über die Bildschirme flimmerten und mit traumhaft hohen Einschaltquoten aufwarten konnten, direkt oder indirekt an solchen Lehrern orientiert. Zumindest traten diese Lehrer als Gegenspieler zu den anderen auf. Gerade junge Lehrer können damit rechnen, dass nicht wenige Schüler solche Traumvorstellungen in sich tragen. Ich meine: Welch ein Glück! Wenn solche Erwartungen existieren, kann es doch um die öffentliche Meinung über Schule und Lehrer nicht so schlecht bestellt sein! Offenbar wird die Schule und werden die Lehrer doch für fähig gehalten, die Bedürfnisse moderner Schüler zu erfüllen.

Das gilt keineswegs nur für junge Lehrer, aber für sie besonders. Und für sie gibt es auch eine besondere Verpflichtung trotz allen Überlebenskampfes und aller Anpassungsstrategien bewusst Schritte in dieser Richtung zu gehen.

❸ Den dritten Typ möchte ich als den **Feuerzangenbowlen-Typ** bezeichnen.

Spoerls „Feuerzangenbowle", mehrfach verfilmt und zu sehr unterschiedlichen politischen Zeiten, ist bis heute von den Bildschirmen nicht wegzudenken. Wahrscheinlich, weil viele über die Schule und die Schulzeit hinaus einfach Spaß an der Geschichte haben. Weh getan wird dabei niemandem. Dennoch sind einige Botschaften nicht zu übersehen, und sie sind vor allem ausbaufähig. Spoerls eigene Aussage beispielsweise hat eine große Reichweite:

> „Kein Mensch, kein Vorgesetzter ist so unerbittlich den Augen einer spottlustigen und unbarmherzigen Menge ausgesetzt wie der Magister vor der Klasse."
> (Spoerl 1963, S. 94)

Dem Spott von Schülern ausgesetzt zu sein, kann zu einem traumatischen Erlebnis werden. Auch und vor allem junge Lehrer ängstigen sich davor. Sie sollten allerdings bedenken, dass manches, was Schüler tun, nur Testcharakter trägt (siehe mein Beispiel von den lackierten Fingernägeln in Kapitel 2). Insofern ist es angebracht, sich unablässig darin zu üben, Ruhe zu bewahren. „Unablässig" scheint etwas übertrieben zu sein. Das ist aber nicht der Fall. Schüler sind aufgeschlossen, nett, neugierig, jungen Lehrern zugewandt. Würde man das Gegenteil annehmen, brauchte man nicht Lehrer zu werden. Schüler stehen aber auch quasi immer in Bereitschaft, Lehrer auf die Probe zu stellen. Insofern ist es gut, nicht nur zu üben, wie man Ruhe bewahrt, sondern auch zu üben, „nicht auf alles einzusteigen" und auch einmal etwas übersehen zu können.

Eine gute Hilfe ist der Humor. Das gemeinsame Lachen mit Schülern hilft oft, die eine oder andere Barriere zu beseitigen. Schüler beklagen die Humorlosigkeit ihrer Lehrer (vgl. Pädagogik, Heft 9/2001) und wünschen es sich anders. Humor und Lachen könnten in der Tat so manche Situation retten. Aber wenn man nun selbst absolut keinen Humor besitzt? Ist Humor überhaupt erlernbar? In Grenzen schon. Vielleicht beginnen Sie einfach damit, Scherze und Witze von Schülern nicht persönlich zu nehmen. Auch wenn das zuweilen viel Überwindung kostet. Der Prestigeverlust unter Schülern ist viel größer, wenn man sich den Ruf einhandelt, dauernd beleidigt zu sein und sich getroffen zu zeigen.

Die Anzahl der Lehrertypen wäre ausbaufähig. Ich will es aber bei diesen drei Typen belassen. Schon wenn Sie sich damit auseinandersetzen, leisten Sie eine große Arbeit. Prüfen Sie für sich selbst, welche Akzente aus der knappen Beschreibung für Sie zutreffen und wie Sie am besten damit umgehen können. Kleben Sie sich aber kein Etikett auf. Auch wenn Sie bald bemerken werden, welches „Bild" von Ihnen verbreitet wird, müssen Sie solche Vorstellungen nicht unentwegt weiter bedienen und stützen – vor allem wenn sie Ihnen unangenehm sind.

6. Wie wirke ich auf Schüler?

Ich bin ich – oder nicht?

Sie haben sich sicher nicht entschieden, Lehrer zu werden, weil Sie sich von Ihrem eigenen Wesen verabschieden möchten. Dass bei der Wahl des Berufes immer auch eigene Leitbilder im Spiel sind, hatte ich bereits festgestellt. Aber die Schule würde zu einer bedauernswerten Anstalt werden, wenn jeder Lehrer so wie der andere unterrichtete, sich kleidete, sich äußerte, mit den Schülern umginge. Dennoch: Es gibt ziemlich feste Vorstellungen in der Gesellschaft, wie Lehrer sind (oder zu sein haben) und diese Vorstellungen oder auch Erwartungen halten sich. Ich habe solche Bilder eben umrissen. Ob Sie das wahr haben möchten oder nicht: Auch Sie werden mit solchen Bildern belastet werden – selbst wenn Sie als Person völlig anders sind. Die Schablonen liegen vor und werden leider – wie bei Lehrer Lämpel – über Jahrhunderte genutzt. Zum Verzweifeln ist das kein Grund. Entscheiden Sie für sich selbst, wie Sie am Besten damit umgehen wollen. Dennoch sollte dies kein Hinderungsgrund sein, den Schülern die eigene Individualität nahe zu bringen. Schüler sind oft sensibler, als man ihnen gemeinhin zugesteht. Auf jeden Fall registrieren sie:

● ob ein Lehrer zu den Verlässlichen gehört oder nicht.
Das schlichteste Beispiel hierfür ist die Rückgabe von Arbeiten und Klausuren. Für Schüler eine unglaubliche Größe in ihrem Schulalltag! Wird die Rückgabe von Arbeiten für einen bestimmten Tag versprochen und der Lehrer geht achtlos darüber hinweg und hält es zudem nicht für erforderlich, ein Wort darüber zu verlieren oder sich gar bei den Schülern zu entschuldigen, kann dies mit einem ziemlichen Prestigeverlust verbunden sein. Zu Recht, meine ich!
Im Übrigen gibt es feste Regelungen in den einzelnen Bundesländern zum Zeitpunkt der Rückgabe von Arbeiten. Die Handhabung erfolgt nur leider nicht immer konsequent genug. Besonders Arbeiten, die mehr oder weniger zur „Bestrafung" ganzer Klassen geschrieben werden, weil sich der Lehrer keinen anderen Rat mehr weiß, geraten oft in ein solches Rückgabedilemma, das dann natürlich noch besonders peinlich ist;

● ob ein Lehrer gegenüber anderen Lehrern, dem Schulleiter, den Eltern, sein Wort hält, das er Schülern gegeben hat.
Manche Schüler befinden sich zuweilen in echten Notsituationen. Da kann es sich um Drogenkonsum, um Pläne zum „Abhauen" von zu Hause, um Angst vor dem prügelnden Vater, um Furcht vor Zynismus eines anderen Lehrers usw. handeln. Wenn sich ein solcher Schüler mit seinem Problem einem Lehrer anvertraut – und nicht selten wenden sich Schüler gerade an junge Lehrer – so ist das in der Regel Ausdruck großen Vertrauens, aber eben auch Ausdruck für die Ausweglosigkeit der Situation, in der sich dieser

75

Schüler befinden kann. Für einen jungen und noch unerfahrenen Lehrer ist der Umgang mit solch einer Problemkonfrontation sehr schwierig. Aber vielleicht sucht der Schüler gerade jemanden, der noch kein „fertiger" Lehrer ist, selbst noch viele Fragen hat und – nach Einschätzung des Schülers – am ehesten bereit, mit ihm zusammen über sein Problem nachzudenken. Gespräche zu zweit werden hier immer erst einmal angebracht sein. Kommt man nicht weiter, muss möglichst professionelle Hilfe hinzugezogen werden. Aber nicht heimlich und hinter dem Rücken des Schülers. Er sollte gefragt und nach Möglichkeit von der Nützlichkeit dieser Unterstützung auch überzeugt werden. Ist das erfolglos, aber die Situation gefahrvoll für den Schüler, muss ihm zumindest sachlich und korrekt mitgeteilt werden, dass man in seinem eigenen Interesse weitere Schritte unternehmen wird.

Lösen kann ein Lehrer keineswegs alle solche Probleme. Und er darf sich das auch nicht vornehmen. Aber wenn er als Gesprächspartner gewünscht und gewollt wird, kann er sich nicht verweigern.

● ob ein Lehrer „gerecht" ist oder nicht.

Die Sehnsucht nach einem gerechten Lehrer scheint ganze Schülergenerationen dauerhaft zu beschäftigen. Für mich immer wieder verwunderlich sind die unterschiedlichen Maßstäbe, die hierbei angelegt werden: Schüler empfinden in einem Fall eine Zensur beispielsweise als gerecht, wenn sie relativ unabhängig von den konkreten Bedingungen ihres Zustandekommens erteilt wird. In einem anderen Fall kann genau dieses aber einem Lehrer unglaublich angekreidet werden: „Max hat sich so bemüht, da hätte Frau X aber nicht so streng zu zensieren brauchen." Also kann man es keinem Recht machen? Doch, schon! Zumindest sind den Schülern die allgemeinen Maßstäbe für Beurteilungen, Zensuren, Handlungsweisen mitzuteilen und zu erläutern. Hat man für Einzelfälle noch spezielle Regelungen, sind sie ebenfalls zu erläutern. Es kann sich aber auch um Vorschläge handeln, die gemeinsam mit den Schülern entwickelt und dann von allen verabschiedet werden. Wichtig ist immer nur, dass man sich selbst treu bleibt und Maßstäbe und Regelungen nicht stets neu zurechtbiegt. Ansonsten gibt es auch hier so etwas wie einen „Fluch der bösen Tat". Davor sollte man sich aber selbst bewahren. Außerdem ist es durchaus möglich und sinnvoll, mit den Schülern über Veränderungen von Maßstäben und Regeln zu sprechen.

Wenn Sie gerade auf den genannten drei Gebieten in den Augen der Schüler bestehen, haben Sie eine gute Voraussetzung für die weitere Arbeit.

6. Wie wirke ich auf Schüler?

Lernen, sich zu präsentieren – warum?

Viele Vertreter der historischen Reformpädagogik wollten, dass Schüler lernten, ihre Anliegen selbst zu vertreten, ihre Lern- und Arbeitsergebnisse anderen vorzustellen, ihre Meinung zu begründen und zu verteidigen. Ein probates Mittel, Selbstsicherheit zu erwerben und andere für erreichte Ergebnisse aufzuschließen oder deren Kritik herauszufordern! Die Gruppen- und Schulfeiern, die Peter Petersen durchführte – von seinen Anhängern im Übrigen heute noch praktiziert –, legen dafür Zeugnis ab. Der heutige Projektunterricht in seinen unterschiedlichen Varianten lebt ebenfalls davon.

Was für Schüler gilt, sollte auch für Lehrer gelten – wenn auch mit anderen Vorzeichen. Ich bin versucht, nochmals LEUCHTENBERGER zu zitieren: „Wolle nicht dich zur Geltung bringen, sondern die Sache" (LEUCHTENBERGER 1909, S. 8). Dem ist an sich nichts entgegenzuhalten. Die Selbstdarsteller unter den Lehrern, die bestimmt jeder in seiner Schulzeit kennen gelernt hat, verbrauchen sich auf Dauer auch von selbst. Dennoch: Die **Sache** lebt von der **Person**! Schüler erfassen sehr rasch und ziemlich genau, ob ihr neuer Lehrer etwas übrig hat für Physik, Deutsch, Mathematik oder ein „Stundengeber" zu werden verspricht. In dem Maße, wie es mit der Sache vereinbar ist, sollte deshalb jeder junge Lehrer seinen Schülern zeigen, dass der Gegenstand, den er behandelt, auch bei ihm selbst etwas zum Klingen bringt. Übermäßige Begeisterung ist nicht erforderlich, aber sachliches oder menschliches Interesse muss man nicht verbergen. Man wäre sehr schlecht beraten, wenn man es täte.

Ähnlich verhält es sich auch mit der Bereitschaft, auf das Verhalten der Schüler, auf ihre Probleme oder Schwierigkeiten einzugehen. Es wurde bereits darauf verwiesen, dass beispielsweise Störungen durch Schüler im Unterricht meist mit einer Botschaft verbunden sind: Schüler wollen auf ein Problem aufmerksam machen oder es auf besondere Weise überspielen. Ob diese Störungen sehr laut oder schweigend vor sich gehen, so oder so: sie „nerven". Sich dazu zu verhalten, ist unabdingbar. Tut man es nicht, verliert man häufig nicht nur die betreffenden Schüler, sondern zuweilen die ganze Klasse. Im Wesentlichen gibt es hier zwei Wege des Verhaltens (sie schließen einander nicht aus, haben aber deutliche Besonderheiten):

❶ Der **erste** Weg ist ausschließlich dem pädagogischen Takt verpflichtet und verläuft nur zwischen Schüler und Lehrer. Es wird mit großer Behutsamkeit vorgegangen, das Gespräch mit dem Schüler – möglichst außerhalb des Unterrichts oder gar der Schule – gesucht, vorsichtig werden Vereinbarungen getroffen.

❷ Der **zweite** Weg sollte zwar auch etwas mit taktvollem Verhalten zu tun haben (zum Beispiel dem konsequenten Vermeiden von Beschimpfungen des

77

Schülers), aber der junge Lehrer gestattet sich bewusst, öffentlich zu zeigen, dass ihm das Verhalten eines Schülers „reicht" und er erwartet, dass der Schüler etwas verändert. In einem solchen Fall darf der Lehrer auch einmal laut werden. Nur: Allzu häufig kann er sich das nicht leisten! Schüler mögen keine Brüller (sogar die nicht, die selbst nicht zu den Leisen gehören). Gespräche können und müssen sich anschließen.

Sich so oder so zu präsentieren will immer wohl überlegt sein. Erlernbar ist beides.

Wieder andere Situationen machen es erforderlich, dass sich der Lehrer **in eigener Sache** präsentiert. Lehrer sind auch nur Menschen. Das ist häufig zu lesen. Das Menschsein schließt ein, Tage zu haben, an denen man bester Laune ist, sich freut und andere an seiner Freude teilhaben lassen möchte. An anderen Tagen leidet man, ist sich selbst im Weg, regt sich über jede Kleinigkeit auf, verliert rasch die Nerven und damit auch die Kontrolle über sich selbst.

Es ist kein pädagogisches Gesetz, unterschiedliche Stimmungen vor den Schülern zu verbergen. Warum sollen Schüler nicht erfahren, warum und worüber man sich freut! Warum sollen sie nicht auch etwas von Kummer und Betroffenheit ihres Lehrers erfahren? Dabei Grenzen zu setzen gebietet allerdings sowohl die Selbstachtung als auch die Achtung vor den Schülern. Und von pädagogischem Takt war ja wohl schon mehrfach die Rede. Außerdem mögen Schüler es nach eigenen Aussagen nicht, wenn ein Lehrer zu viel über sich selbst „quatscht".

Der Lehrer als Schauspieler?

Berufsanfänger fragen häufig, ob denn ein Lehrer so etwas wie ein Schauspieler sein müsse. Einige lehnen das sofort und teils unreflektiert ab: Ein Lehrer müsse doch ehrlich und natürlich sein (wie schon genannt). Bei weiterem Gespräch scheint sich eine Annäherung zu ergeben: Es geht eigentlich um die Frage, welche Rolle die **Sprache des Körpers** im Unterricht spiele. Körpersprache ist ein Thema, das seit Jahren von vielen Professionen Besitz ergriffen hat und weder bei der Schulung von Verkäufern noch von Managern fehlt. Für Schule und Unterricht scheint das Thema (als ein theoriewürdiges und handlungsleitendes Problem) erst zögerlich entdeckt worden zu sein, obwohl Lehrkräfte schon über Jahrhunderte hinweg belehrt worden sind, wie sie zu gehen, zu sitzen, zu stehen haben. ROSENBUSCH (ROSENBUSCH/SCHOBER 1995) und HEIDEMANN (HEIDEMANN 1996) – in weiterem Sinne Rumpf – haben Körpersprache als pädagogisch zu beachtendes und zu nutzendes Problem in den letzten Jahren „salonfähig" gemacht.

6. Wie wirke ich auf Schüler?

Es stößt im Übrigen bei Lehramtsstudenten auf großes Interesse, was ich aus eigenen Erfahrungen bestätigen kann. Seit vielen Semestern biete ich an unserer Universität – gemeinsam mit einer Mitarbeiterin – ein Seminar zur Körpersprache im Unterricht an. Die Nachfrage ist groß. Die Studenten beschäftigt zum Beispiel:

- Wie wirke ich auf Schüler?
- Was steckt hinter welcher Geste?
- Gibt es eine Körpersprache des Lehrers, die Schülern Angst macht, sie einschüchtert?
- Welche Mimik und Gestik fördert oder bremst die Mitarbeit von Schülern im Unterricht?
- Kann man seine Körpersprache verstellen?
- Welche Botschaften kann Körpersprache anders als die gesprochene Sprache vermitteln?
- Wird Körpersprache nur bewusst oder auch unbewusst wirksam?
- Kann und muss Körpersprache unterschiedlicher Menschen immer auf die gleiche Weise gedeutet werden?
- Welche Botschaften kann ich der Körpersprache von Schülern entnehmen?

Weitere Kontakte zu ehemaligen Studenten, die bereits das Referendariat abgeschlossen und jetzt begonnen haben, als junge Lehrer zu arbeiten, bestätigen, wie wichtig und nützlich für sie die Beschäftigung mit Körpersprache war. Sie plädieren zugleich für eine Fortführung zu Beginn der dritten Phase der Ausbildung. Sie selbst nutzen und vervollkommnen ihr Wissen und Können:

- über das Verhältnis von Nähe und Distanz zu den Schülern im Unterricht. Zum Beispiel bemühen sie sich darum, den Schülern beim Schreiben von Arbeiten, bei Hilfestellung nicht allzu nahe zu kommen, um eine individuelle Raumzone von Schülern nicht zu verletzen. Dass manch ein Schüler auch einmal die Hand beruhigend oder anerkennend auf der Schulter spüren darf, wird dadurch nicht ausgeschlossen.

- über auffordernde und beruhigende Gesten im Unterricht. Zum Beispiel sind ihnen ihre eigenen Hände nicht mehr lästig. Sie setzen Handgesten bewusst ein, um mehr Schüler, als durch das Wort zuweilen möglich ist, auf den Unterrichtsablauf zu „verpflichten", die Schüler zu ermuntern, zu loben, zurückzuweisen, aber auch um stoffliche Zusammenhänge zu unterstreichen. Sie nutzen sie, um aufkommende Unruhe einzudämmen und einzelne Schüler zu beschwichtigen.

- über Blickverhalten und Mimik überhaupt.
Zum Beispiel versuchen sie, den Blickkontakt mehr oder weniger zur ganzen Klasse, besonders aber immer wieder zu einzelnen Schülern zu halten. Sie geben bereits durch Blicke und Kopfbewegungen zu erkennen, wie welche Leistung eines Schülers einzuschätzen ist. Sie sind aber auch in der Lage, ihre Mimik dann, wenn es erforderlich ist, zurückzunehmen und sie insgesamt besser zu steuern, als das wahrscheinlich ungeschulten Kollegen möglich ist.

Das war nur ein kleiner Ausschnitt aus der gesamten Problematik „Körpersprache im Unterricht". Es steht zu erwarten, dass sie unter Lehrern immer mehr Beachtung finden wird. Hoffentlich wird durch den bewussteren Einsatz unserer **ersten** Sprache – wie man die Sprache des Körpers auch noch nennt – die Qualität des Unterrichts günstig beeinflusst.

Zur Wirkung eines Lehrers, ob man ihn nun als Schauspieler sieht oder nicht, gehört unabdingbar auch seine **verbale Sprache**. Ich enge weiter ein, und zwar auf seine **rhetorischen Fähigkeiten**. Leider werden Lehramtsstudenten hierin noch wenig geschult. Gute rhetorische Fähigkeiten können jedoch jedem Lehrer zum schonenden Umgang mit seiner Stimmer verhelfen, dem nach wie vor wichtigsten Werkzeug des Lehrers. Darüber hinaus kann eine gute Rhetorik das Interesse der Schüler an oftmals sprödem Stoff wecken und aufrechterhalten, kann sogar helfen, das schwierige Problem von Disziplin und Ordnung besser zu bewältigen.

Berufsanfänger sollten nicht versuchen, ohne eine gute Rhetorik auszukommen. Es liegt aber derzeit noch an jedem jungen Lehrer selbst, sich auf diesem Gebiet in seinem eigenen Interesse kundig zu machen.

Danebengegangen – für immer irreparabel?

Die Wirkung eines jungen Lehrers auf die Schüler lässt sich immer nur schwer im Voraus absehen.
Da spielt zum Beispiel eine Rolle:

- die „gesellschaftliche Kleiderordnung" an der Schule.
Doch hier stocke ich schon. Herrn Rs ramponierte Jeans werden toleriert, kommt der ansonsten immer auf Hochglanz gestylte Herr M. mit einem ähnlichen Kleidungsstück an, wird gejohlt und gepfiffen.

- das herrschende Schönheitsideal.
Doch auch hier stocke ich. Frau K. ist gertenschlank, Frau A. das genaue Gegenteil davon. Aber ihr fliegen sogar die Herzen der schulbekanntesten Ran-

dalierer zu. Warum? Sie ist fröhlich und von großer persönlicher Ausstrahlung.

● ob Klasse X oder Klasse Y die öffentliche Meinung bestimmt.
Doch: Wiederum stocke ich! Wie lange kann eine Klasse die öffentliche Meinung dominieren? Ab welchem Zeitpunkt lassen es die anderen nicht mehr zu?

Die Wirkung eines Lehrers auf Schüler ist von vielen Faktoren abhängig. Und dies ist auch der Grund dafür, weshalb „positiv" und „negativ" rasch die Seiten wechseln können: Ändern sich Faktoren und ihre Konstellation zueinander, kann sich auch die Wahrnehmung des Lehrers verändern. Insofern ist immer die Hoffnung berechtigt, dass die eigene Wirkung zum Positiven beeinflusst werden kann. Aber auch hierbei gilt es zu bedenken:

❶ Einige elementare Spielregeln, von denen ich wenige umrissen habe, sind einzuhalten.

❷ Es ist leider auch mit dem Ruf zu rechnen, den man schon in kurzer Zeit erwirbt und nur schwer wieder los wird.

❸ Man muss selbst versuchen, wunde Punkte zu erkennen und zu beseitigen.

❹ Schließlich sollte man sich nicht scheuen, professionelle Hilfe in Anspruch zu nehmen, wenn die eigene Wirkung auf andere Weise nicht mehr beeinflusst werden kann.

Um Wirkung wissen und Wirkung erzielen – was gehört dazu?

Ich setze meine begonnene Art der Zuordnung fort:

Grundqualifikationen

❶ Eine realistische Erwartungshaltung an die Schüler entwickeln (vor allem nicht erwarten, von allen Schülern geliebt und gemocht zu werden; Akzeptanz genügt).

❷ Sich mit gängigen Lehrerbildern auseinander setzen, Enttäuschungen der Schüler vermeiden, die eigene Individualität nicht unterdrücken.

❸ Nicht schauspielern, aber zumindest wenige körpersprachliche und rhetorische Kompetenzen aneignen und nutzen.

Aufbauqualifikationen

Besprechen Sie mit anderen jungen Lehrern die Situationen, in denen Sie eine angemessene Wirkung auf die Schüler erzielt haben oder eine Wirkung, über die Sie sich rückblickend ärgern, und versuchen Sie gemeinsam, den Ursachen auf den Grund zu gehen.

Kür

❶ Lesen Sie so viel Literatur bekannter und unbekannter Schriftsteller und Dichter über Schule und Lehrer, wie Sie bekommen und aushalten können. Filme anzusehen ist ebenfalls zu empfehlen. Vielleicht staunen Sie: Die Welt ist voller Lehrerbilder.

❷ Stellen Sie sich ruhig hin und wieder vor den Spiegel und versuchen Sie, sich die Besonderheiten Ihrer eigenen Körpersprache – so Ihnen das möglich ist – einzuprägen und gegebenenfalls daran zu arbeiten.

Abschließend wiederum einige Sätze zum **Nachdenken**, die ich bei Horst Rumpf gefunden habe:

> „Unsere Zivilisation schickt die Nachwachsenden – immer mehr von ihnen für immer längere Zeitspannen – in Schulen, in Hochschulen. Und dort verweilen sie ihre besten Tageszeiten in speziellen Lehr-Räumen, vom übrigen Leben physisch isoliert; sie sitzen die meiste Lernzeit an Tischen, haben mit Worten und anderen Zeichen zu tun, bewegen bedrucktes oder beschriebenes Papier, sie hören, sprechen, schreiben und lesen; bei allem sind sie angeleitet von hauptberuflichen Lehrpersonen …"
>
> „Gibt es Vorschriften über das Gebaren von ‚Lehrkörpern' in Klassenräumen, zu Schulzeiten? Werfen solche Vorschriften auch Licht auf Lehrpraktiken, auf die Modellierung von Lerninhalten?"
> (Rumpf 1988, S. 7 und S. 9)

Literatur

DE AMICIS, EDMONDO: Cuore. Eine Kindheit vor hundert Jahren. Berlin 1988, 2. Auflage

GRUNDER, HANS-ULRICH (Hrsg.): „Der Kerl ist verrückt!" Das Bild des Lehrers und der Lehrerin in der Literatur und in der Pädagogik. Zürich 1999

HEIDEMANN, RUDOLF: Körpersprache im Unterricht. Ein praxisorientierter Ratgeber. Wiesbaden 1996, 5. überarbeitete Auflage

Humor. Themenheft PÄDAGOGIK, Weinheim 53/2001/9

KAISER, CONSTANZE: Körpersprache der Schüler. Lautlose Mitteilungen erkennen, bewerten, reagieren. Neuwied, Kriftel, Berlin 1998

KIPER, HANNA: Vom „Blauen Engel" zum „Club der toten Dichter". Literarische Beiträge zur Schulpädagogik. Baltmannsweiler 1998

LEUCHTENBERGER, GOTTLIEB: Vademecum für junge Lehrer. Pädagogisch-didaktische Erfahrungen und Ratschläge. Berlin 1909

NEILL, SEAN/CASWELL, CHRIS: Körpersprache im Unterricht. Techniken nonverbaler Kommunikation in Schule und Weiterbildung. Münster 1996

ROSENBUSCH, HEINZ, S./SCHOBER, OTTO (Hrsg.): Körpersprache in der schulischen Erziehung. Pädagogische und fachdidaktische Aspekte nonverbaler Kommunikation, Baltmannsweiler 1995, 2., vollständig überarbeitete und erweiterte Auflage

RUMPF, HORST: Die übergangene Sinnlichkeit. Drei Kapitel über die Schule. Weinheim und München 1988, 2. Auflage

SPOERL, HEINRICH: Die Feuerzangenbowle. In: Spoerl, H.: Gesammelte Werke, München 1963

7. Zur Methodenmonotonie lebenslang verurteilt? Normalitäten, Klippen, Umgangsweisen damit

▶ In der Anfangsphase erworbene Unterrichtsmethoden haben einen hohen Festigungseffekt: Was man sich unter besonderen Anstrengungen aneignet, haftet tiefer und damit dauerhafter als anderes. Das trifft auf Wünschenswertes und leider auch auf Unerwünschtes zu. Deshalb sind Investitionen in die Anfangsphase unerlässlich, um vor allem „Monotonie ein Leben lang" zu verhindern.
Es werden besondere Methodenklippen und die Möglichkeiten, sie zu „umsegeln", gezeigt. Außerdem bekommen Sie wenige überschaubare Anregungen zur Reflexion über Ihren Unterricht und zum Aufbau Ihres eigenen methodischen Instrumentariums für die unterschiedlichen Arten des Unterrichts. ◀

Der Festigungseffekt der Anfangsphase

Am dritten Tag ihres Junglehrerdaseins fuhr Konstanze mit dem Bus zur Schule. Zwanzig Minuten Fahrtdauer – Zeit genug also, um einige der Gespräche in ihrer Umgebung mitzubekommen. Vor ihr saßen ein Junge und ein Mädchen, 8. oder 9. Klasse, schätzte Konstanze. „Bei wem hast du jetzt Bio?", fragte der Junge. Das Mädchen darauf: „Bei Herrn X. Wie findest du den? Du hattest ihn doch im letzten Jahr?" „Ganz gut. Nur ein bisschen langweilig. Mein Bruder hatte ihn übrigens auch schon. Und dessen Freund und seine Schwester auch. Wir haben immer die Folienmitschriften ausgetauscht. X setzt seit Jahren immer wieder ein und dieselben ein. Wenn du willst, kannst du sie von mir haben."

Eine Studentin schrieb zu den Vorstellungen über ihren Beruf als Lehrerin: „Ich möchte nicht immer auf dieselbe Art und Weise meinen Unterricht gestalten, sondern Abwechslung hineinbringen. Für die Schüler und auch für mich selbst, um den Spaß an der Arbeit nicht zu verlieren."

Nachdem ein Lehrer einer seiner ehemaligen Schülerinnen, die gerade in den Schuldienst eingetreten war, lange Zeit aufmerksam zugehört hatte, was sie alles tat, wie sie es tat, was sie sich noch vorgenommen hatte, lächelte er sie an, sagte ihr, wie sehr er ihren Elan bewundere, meinte aber zugleich: „Sie machen sich kaputt. Was Sie baldmöglichst entwickeln müssen, sind Routinen!"

Zu viel Widersprüchliches auf einmal? Versuchen wir wieder etwas tiefer in die damit verbundenen Probleme einzudringen.

Konstanze hört etwas, was ihr aus ihrer eigenen Schulzeit bestimmt schon hinreichend bekannt war: Es gibt Lehrer, die unentwegt ein und dasselbe Material einsetzen. Wahrscheinlich verändern sie an den methodischen Grundabläufen ihres Unterrichts ebenfalls wenig. Die Welt kann sich verändern, die Schüler können sich verändern – ihr Unterricht ist und bleibt eine konstante Größe.

Aber vielleicht muss das so sein? Schließlich kann nicht jeder Mensch unentwegt schöpferisch tätig sein, etwas Neues erfinden.

Hat dann die Studentin Unrecht, die sich dagegen sträubt, später ihren Unterricht stets auf die gleiche Art und Weise zu gestalten?

Oder der erfahrene Kollege, der seiner ehemaligen Schülerin rät, unbedingt Routinen zu entwickeln, um sich nicht aufzureiben?

Gleichförmigkeit des Unterrichts und Langeweile lassen auf Dauer nicht nur die Schüler die Lust am Unterricht verlieren, sondern haben auch schlimme Folgen für die Lehrer selbst. Andererseits verbrauchen sich solche Lehrer sehr rasch, die überengagiert sind, nahezu alles perfekt machen möchten, stets mit unverhältnismäßig hohem Kraftaufwand arbeiten und jegliche Routinen weitgehend ablehnen.

Beides ist weder erwünscht noch erforderlich: nicht die Gleichförmigkeit des Unterrichts und eine hieran gebundene Gleichgültigkeit eines Lehrers, auch nicht ein ständiges Überengagement. Es ist immer eine Frage des rechten Maßes! Nur: Es gibt keine absolut sicheren Kriterien für die Bestimmung dieses rechten Maßes. Vielmehr hängen damit individuelle Lernprozesse in ganz unterschiedlicher Qualität und Quantität zusammen. Dennoch gibt es Orientierungspunkte, zum Teil durch wissenschaftliche Untersuchungen belegt, zum Teil aus jahrelanger Erfahrung und ihrer Reflexion erwachsen. Einige werde ich erläutern, zum Abschluss des Kapitels noch ein besonderes anregendes (hoffentlich!) Beispiel anfügen.

Wenn auch soeben festgestellt wurde, dass es Sache individueller Lernprozesse sei, sich an das richtige Maß des methodischen Vorgehens im Unterricht heranzutasten, so ist dennoch zu bedenken, dass die Berufseinstiegsphase eine Phase besonderer Anstrengung und besonderen Engagements ist und bleibt (vgl. HERRMANN/HERTRAMPH 2000, S. 54). Damit ist auch ein großer Festigungseffekt dieser Phase verbunden. Alles, was unter Anstrengungen erworben wurde, haftet nun einmal tiefer und andauernder als anderes. Insofern sind die ersten Jahre eines jungen Lehrers an der Schule mit großer Verantwortung für sich selbst verbunden: Das, was in dieser Zeit ausgebildet und favorisiert wird, kann leicht zur Grundlage für den weiteren Unterrichtsstil werden, womöglich lebenslang! Es liegt an Ihnen, ob dies ein die Schüler schreckender und auch Sie selbst in Ihrer Persönlichkeit allmählich zerstörender, monotoner Unterricht wird oder ob die Grundlagen für einen lebendigen, interessanten Unterricht geschaffen werden, einen Unterricht, der bei aller Ernsthaftigkeit Lehrern und Schülern immer erneut Freude bereitet.

Methoden-Klippen der Anfangsphase (I)

Jeder Anfänger stößt auf Klippen. Auch sie tragen individuellen Zuschnitt und werden individuell sehr unterschiedlich wahrgenommen. Nach Erhebungen, die bereits vor Jahren durchgeführt (vgl. CLOETTA/HEDINGER 1981, S. 31) und in unterschiedlichen Zusammenhängen wiederholt bestätigt wurden, gehören dazu die Disziplin der Schüler, die Unterrichtsvorbereitung, die Art des methodischen Vorgehens im Unterricht überhaupt und das eigene Bewertungsverhalten des Lehrers.

Ich will hier zunächst den Gedanken der Orientierung an Mustern, Leitbildern nochmals bewusst aufgreifen, wie er im Kapitel über das Lernen begonnen wurde.

Jeder Anfänger hat mehrere Wahlmöglichkeiten, sich zu orientieren. Er kann sich vornehmen, seinen Unterricht **so** durchzuführen, wie er ihn **selbst** erlebt, auch selbst schon gestaltet hat. Seine eigene Schulzeit kommt da ins Spiel, das, was er erlebt, was ihn angeregt, sich bis zu seiner Berufswahl fortgesetzt hat. Seine ersten eigenen Erfahrungen aus Unterrichtspraktika während der Studienzeit spielen eine Rolle, vor allem aber das, was er während des Referendariats mit Erfolg ausprobiert hat.

Das, was erlebt und ausprobiert wurde, kann aber auch eine genau gegenteilige Entscheidung bewirken: So **nicht** zu unterrichten! Weder möchte der Anfänger Lehrern aus der eigenen Schulzeit nacheifern, noch möchte er seine eigenen Spuren aus der ersten und zweiten Phase der Lehrerbildung weiter verfolgen. Etwas nicht aufzugreifen und fortzusetzen, sondern völlig neue Ansätze zu wagen kann durchaus ein starkes Motiv für die Berufswahl bei dem einen oder anderen gewesen sein. Dennoch: Ich empfand es immer als traurig, wenn einzelne Studenten bei Reflexionen während des Studiums über ihre eigene Schulzeit keinerlei positive Erinnerungen an ihre Lehrer und deren Art, Unterricht zu machen, mitteilen konnten.

Die Abneigung, das Unterrichten so fortzusetzen, wie es in erster und zweiter Phase selbst ausprobiert wurde, hängt nach eigenen Aussagen junger Lehrer häufig mit zu starker Gängelung in dieser Zeit zusammen.

Es gibt eine weitere Möglichkeit, sich zu orientieren: an der pädagogischen und didaktischen Theorie, die in beiden Phasen der Lehrerbildung vermittelt wurde und die ja nicht immer in die eigenen Unterrichtsversuche und das eigene Unterrichten während des Referendariats Eingang fand oder finden konnte. Die Reformbewusstheit junger Lehrer ist ungebrochen (vgl. BÖHMANN u. a. 2001, S. 14 ff.), wenn auch die schon genannten Einschränkungen zu bedenken sind. Allerdings stellt sich für die Zukunft durchaus die Frage, ob das Phänomen der so genannten „Konstanzer Wanne" weiterhin festzustellen sein wird oder ob schon durch die Einstellung einer größeren Anzahl junger Lehrer in den Schuldienst Verschiebungen zu erwarten sind.

Wenn auch das Bekanntmachen mit der pädagogischen und didaktischen Theorie und insbesondere mit Reformbestrebungen zu Schule und Unterricht sehr unterschiedlich durch Studenten und Referendare eingeschätzt wird, gibt es dennoch viel versprechende Ansätze an einigen Universitäten und Studienseminaren, von der Vermittlung abgehobener Ideale abzukommen und Studenten und Referendare zur kritischen Reflexion von Theorie (einschließlich deren möglicher praxisleitender Wirkung) zu befähigen.

Theorie kann für jeden Berufanfänger abschreckende oder auffordernde „Nach"-Wirkungen haben. Wenn er aus abschreckenden Erfahrungen die Konsequenz zöge, um Theorie künftig einen Bogen zu machen, wäre das jedoch verhängnisvoll. Gerade hier müsste gelten, die Suche nach neuen, anderen Erfahrungen aufzunehmen.

Sind die Erfahrungen positiver Art gewesen, hat ein junger Lehrer viele Pfunde in der Tasche, mit denen er wuchern kann:

- Er kann Methoden in seinem Unterricht sicherer einsetzen.
- Er kann sich begründeter von ihnen verabschieden, wenn sie sich – nach seiner Auffassung – nicht bewährt haben.
- Er kann Ergänzungen, Prioritäten des eigenen Weiterlernens souveräner bestimmen.

Ist all das, was ein junger Lehrer an Orientierungspunkten nutzen könnte, hinreichend? Eigentlich schon.

Es lässt sich sogar noch hinzufügen: Nie mehr in Ihrem Berufsleben als Lehrer werden Sie so viele unterschiedliche Wahrnehmungs-, direkte Erinnerungsmöglichkeiten, eigene Erfahrungen (in unterschiedlicher Position gewonnen) nutzen können. Vergleichsmöglichkeiten sind ebenfalls recht groß und die ihnen zugrunde liegenden Sachverhalte noch sehr transparent. Das passiert in der Tat in Ihrem Berufsleben kaum noch einmal in solch zeitlicher Gedrängtheit, aber auch verbunden mit solch psychischer Intensität.

Neue, andere Orientierungspunkte müssen Sie jetzt selbst finden. Ihre Schüler werden dabei die Hauptrolle spielen müssen.

Aber wo sind die Klippen? Vermutlich finden Sie die meisten in Ihrem Kopf, in Ängsten, den Anforderungen nicht gewachsen zu sein, vor allem in der Angst, mit den Schülern nicht zurechtzukommen. Doch solche Ängste können Sie abbauen! Sie brauchen aber wahrscheinlich viel Geduld mit sich selbst. Dennoch muss ich nochmals den Ausgangspunkt dieses Teilkapitels aufgreifen: Klippen können individuell sehr unterschiedlich sein, auch ganz unterschiedlich wahrgenommen werden. Und manche Klippen werden durch die Neugier des Anfängers auf seinen Beruf, auf die nunmehr eingetretene Ernstsituation, weitgehend problemlos „umsegelt". Zum anderen: Würde es Ihnen denn Freude bereiten, stets ohne Gegenwind voranzukommen?

Gibt es Chancen, das offene Wasser (wieder) zu erreichen?

Selbstverständlich gibt es diese Chancen: Entwickeln Sie Ihre eigene Unterrichtskompetenz!

Vermeiden Sie es, immer nach dem gleichen Muster vorzugehen! Sie sind nicht zu Methodenmonotonie und Erzeugung von Langeweile bei Ihren Schülern verpflichtet, ebenso wenig zur aktiven Beförderung Ihrer eigenen Abstumpfung.

Wenn Sie zielstrebig an die Entwicklung Ihrer eigenen Unterrichtskompetenz herangehen, denken Sie daran, dass es – grob gesehen – **zwei große Richtungen** hierbei gibt. In der **ersten** Richtung lässt sich alles zusammenfassen, was mit **traditionellem** oder auch **frontalem** Unterricht zu tun hat.

In einer **zweiten** Richtung all das, was seit einiger Zeit als **offener** Unterricht bezeichnet wird.

Detaillierte Ausführungen zu beiden Richtungen können Sie bei HILBERT MEYER (1987, besonders im Praxisband, S. 182 ff. u. S. 396 ff.), WALLRABENSTEIN (1991), ASCHERSLEBEN (1999) nachlesen oder vielleicht auch in Ihren eigenen Aufzeichnungen aus der ersten und zweiten Phase der Lehrerbildung finden. Damit können Sie Bedarfsdeckung großen Stils betreiben. Falls Sie diese Literatur oder vergleichbare bereits während des Studiums gelesen haben, legen Sie sie dennoch nicht gleich wieder zur Seite. Sie werden sie jetzt anders lesen: Die Chance des unmittelbaren Nutzwertes hat ein anderes Lesen zur Folge, ebenso wie der Genuss des eigenständigen Entscheidens darüber, was Sie auswählen und einsetzen möchten.

Ich gebe Ihnen einige Empfehlungen, die sich aus Gesprächen mit jungen Lehrern, einigen Untersuchungen zum Berufseinstieg und der Beschäftigung mit Aufsätzen über den Berufseinstieg – auch von jungen Lehrern selbst – ergeben haben.

Zunächst zum **traditionellen oder auch frontalen Unterricht**:

Vergewissern Sie sich über Wesen und Einsatzmöglichkeiten, über Vorzüge, Grenzen und über aktuelle Diskussionsprobleme. Kaum ein Problem wird seit langem und immer wieder so heftig diskutiert wie diese Art von Unterricht!

In Ihren Überlegungen zu Ihrem methodischen Instrumentarium und seinem Einsatz sollten eine Rolle spielen:

● Wie kann ich den Schülern in komprimierter Weise Informationen vermitteln, diese Informationen (zum Beispiel durch Lehrervorträge) klar und strukturiert vortragen, moderne Medien – wenn angebracht – dafür nutzen und mich dabei nicht in zu vielen Einzelheiten, gar in Unstrukturiertheiten verlieren?

Überlegen Sie aber auch, wann eine gute Lehrererzählung am Platze sein könnte – mit einem ganz klassischen Höhepunkt und viel Spannung für die Schüler.

Auch vorlesen dürfen Sie. Wenn, dann aber gut; zumindest ohne allzu viele Stockungen oder unablässige Korrekturen.

● Wie kann ich Schülern Sachverhalte einsichtig erklären? „Erklären" hat etwas mit „klar"machen zu tun. Für Schüler ist „etwas erklärt zu bekommen" eine wichtige Funktion von Unterricht und eine Art Messlatte für die Qua-

7. Zur Methodenmonotonie lebenslang verurteilt?

lität eines Lehrers. Wie oft ist von Schülern zu hören: Der kann gut erklären. Oder: Bei dem verstehe ich überhaupt nichts. Verwenden Sie deshalb große Sorgfalt auf die Erklärung von Sachverhalten, machen Sie sich Notizen, achten Sie auf die Wortwahl, verlieren Sie sich nicht in Langatmigkeit. Nutzen Sie neue Mittel und Möglichkeiten der Präsentation von Sachverhalten. Tun Sie es aber überlegt und bedenken Sie, dass die meisten Schüler heute nicht unter Informationsmangel leiden und dass es nicht Ihre Aufgabe ist, die Überfütterung mit Informationen fortzusetzen. Das geschieht von anderer Seite ganz ohne Ihr Zutun. Ihre Aufgabe ist vor allem Klärung, die Beförderung von Ordnungsgewinn, von kritischem Hinterfragen und Anregung zum eigenen Erschließen neuer Zusammenhänge.

● Wie kann ich richtig fragen?

Wenn Sie jetzt den Kopf schütteln, dann tun Sie das zu Unrecht. Vielleicht bitten Sie einmal einen Kollegen, über eine oder zwei Unterrichtsstunden hinweg alle Fragen aufzuschreiben, die Sie in der Klasse den Schülern stellen. Dann schauen Sie sich das Ergebnis an und prüfen ganz allein mit sich selbst die Qualität Ihrer Fragestellungen, zum Beispiel Formulierung, Verwendung von Fragepronomen, Kettenfragen, Alternativfragen, Problemfragen usw.

Überlegen Sie: Vielleicht kommt manche Antwort, manches Gespräch mit den Schülern nicht zustande, weil Ihre Fragestellung unpräzise und Ihre Fragetechnik äußerst unprofessionell ist?

Nehmen Sie sich vor, was Sie verändern wollen.

Vor Jahren war die Entwicklung der Fragetechnik angehender Lehrer noch ein wichtiges Ausbildungsziel. Jetzt leider nicht mehr. Die Folgen sind nicht unbedingt segensreich. Sie müssen jetzt einfach selbst etwas für die Ausbildung Ihres Frageverhaltens tun. Die Schüler wollen ja genau wissen, was Sie von ihnen möchten.

Wenn Sie schon einen Kollegen gewonnen haben, der Ihre Fragetechnik für Sie erfasst, bitten Sie ihn doch auch noch zu notieren, wie viel Zeit Sie den Schülern zum Nachdenken und Beantworten lassen ... Sie können daraus lernen!

Da wir schon beim Frontalunterricht sind, prüfen Sie doch einmal, ob die viel vertretene These, mit dieser Art von Unterricht erreiche man alle Schüler, der Realität entspricht oder ein Mythos ist. Beobachten Sie einfach Ihre Schüler eine Zeit lang genauer.

Analog zum Frontalunterricht möchte ich Sie nun anregen, sich auch über Wesen, Einsatzmöglichkeiten, Vorzüge und Grenzen des **offenen Unterrichts** nochmals kundig zu machen.

Von meiner Seite zum Einsatz von Formen und Methoden offenen Unterrichts wieder einige Anregungen, wobei ich mich auf Hinweise zur **schrittweisen** Öffnung des Unterrichts konzentrieren möchte. Ich werde also kein Idealbild offenen Unterrichts skizzieren:

- Die Öffnung von Unterricht lebt von Binnendifferenzierung.
  Überlegen Sie daher zunächst, wie Sie die Auswahlmöglichkeiten von Aufgaben für die Schüler schrittweise erweitern können, um auf diese Weise den unterschiedlichen Interessen der Schüler, den unterschiedlichen Lerntypen und „Zeitverbrauchern", aber auch den unterschiedlichen Schwierigkeitsansprüchen besser gerecht zu werden.
  Führen Sie Unterscheidungen in Pflicht- und Wahlaufgaben ein.
  Setzen Sie, sofern Sie es für richtig halten, bei Wahlaufgaben hin und wieder einmal keine Grenzen nach Umfang und Tiefe der Bearbeitung. Lassen Sie in solchen Fällen den Schülern freie Hand und regen Sie sie an, im Internet zu recherchieren, aber auch um Bücher keinen Bogen zu machen!
  Mit einer solchen Aufgabendifferenzierung legen Sie inhaltlich und lernmethodisch beste Voraussetzungen für den größeren Einsatz von Freiarbeitsphasen im Unterricht, aber auch für den Projektunterricht.
  Der Arbeitsaufwand für Sie ist allerdings erst einmal hoch. Wenig durchdachte Aufgaben, lieblos gestaltete Aufgabenblätter, oberflächlich ausgewählte Gegenstände, die für die Bearbeitung von Aufgaben gebraucht werden, können Sie sich nicht leisten. Sie würden sich gegen Ihre Absichten kehren.

- Geben Sie den Schülern Möglichkeiten zur Präsentation ihrer Ergebnisse.
  Öffnung von Unterricht heißt auch: Offenlegung des Erreichten. Deshalb macht es wenig Sinn, wenn nur Sie die Ergebnisse kennen.
  Allerdings müssten Sie den Rahmen für die Präsentation (Art, Zeitlimit) genau festlegen. Wenn die Vorstellung von Ergebnissen durch einzelne Schüler ausufert und ein Großteil der anderen Schüler keine Chance mehr hat „dranzukommen", verliert sich das Interesse der Schüler.

- Versuchen Sie, in Ihrem Unterricht in ganz unterschiedlichen Zusammenhängen immer wieder unterschiedliche Formen der Zusammenarbeit der Schüler zu fordern.
  Auch die Beachtung der sozialen Komponente gehört zur Öffnung des Unterrichts. Wenn beispielsweise in Gruppen gearbeitet wird, sollte ein wirkliches Gruppenergebnis angezielt werden. Das muss nicht immer ein inhaltliches Ergebnis, das kann auch die Einarbeitung in Arbeitsweisen sein. Keinesfalls sollte Gruppenarbeit nur der Beschäftigung dienen.

- Regeln gehören zur Öffnung des Unterrichts.
  Erarbeiten Sie diese möglichst gemeinsam mit den Schülern oder lassen Sie sie von den Schülern selbst aufstellen. Auf ihre Einhaltung zu achten ist dann auch niemals Ihre Sache allein.

Viele Berufseinsteiger möchten gern ihren Unterricht öffnen. Sie möchten den Schülern besser gerecht werden, befürchten aber zugleich, dass zu viel Unruhe entstehen könnte. Deshalb meinen sie, sie müssten sich auf den Frontalunterricht beschränken.

Abgesehen davon, dass sich bis jetzt überhaupt noch nicht erwiesen hat, welche Richtung von Unterricht „die bessere" ist, wird es immer sinnvoll sein, nach beabsichtigten Zielen und Funktionen zu entscheiden, welche Methoden einzusetzen sind. Und: Sie sollten prüfen, ob es im frontalen Unterricht wirklich immer ruhiger, disziplinierter, ordentlicher zugeht als bei den noch wenigen Versuchen, den Unterricht zu öffnen, und ob dabei auch noch effektiv gelernt wird. Einige Ängste erledigen sich dann von selbst. Ansonsten ist jeder gut beraten, der sich um die Kenntnis beider Richtungen bemüht und sorgfältig auswählt,

- was gut für die Erreichung der Unterrichtsziele ist,
- was gut für die Schüler,
- was auch gut für ihn selbst ist.

Barrieren gegenüber neuen Entwicklungen sollte sich aber kein Berufsanfänger aufbauen.

Methoden-Klippen der Anfangsphase (II)

Ich habe versucht, Sie dafür zu gewinnen, sich mit zwei Grundrichtungen von Unterricht und deren methodischer Bewältigung zu beschäftigen. Zuvor hatte ich nochmals das Problem der Orientierung des Anfängers an Mustern und Leitbildern aufgegriffen. Auf dem Hintergrund dieser beiden Teilkapitel werde ich nun noch einige „kleinere" und ganz alltägliche Klippen bei der methodischen Gestaltung von Unterricht summarisch abhandeln.

Da ist zum einen die Gefahr, einer Stunde oder größeren Einheit stets die **gleiche Struktur** zu geben; zum Beispiel: Einführungsphase, Darbietungsphase, Zusammenfassungsphase, Kontrollphase – etwa nach dem Muster der Formalstufentheorie der Herbartianer, die zwar schon weit über hundert Jahre alt ist, aber sich in vielen Erscheinungsformen bis heute unverdrossen behauptet. Das klingt nach traditionellem oder frontalem Unterricht, aber ähnliche Phasengliederungen gibt es auch bei Freiarbeit oder Stationenlernen.

Anfänger sind häufig froh, eine gewisse Grundstruktur für sich gefunden zu haben. Das ist ja auch verständlich. Aber stellen Sie sich vor, dass auch andere Kollegen, die in der Klasse unterrichten, so vorgehen. Nehmen wir an, die Schüler hätten fünf bis sieben Stunden am Tag zu absolvieren. Fünf- bis siebenmal hätten sie die gleiche Struktur zu ertragen, jeden Tag aufs Neue. Sicher, Schüler sind ziemlich resistente Wesen. Aber sie können sich auch wehren, halten nicht immer still. Von Beförderung der Lernfreude will ich gar nicht sprechen. Dass auch der Lehrer hierbei allmählich verkümmert, ist ebenfalls nicht ganz unwichtig! Einen solchen Grundstock in seinen Anfangsjahren zu legen – dafür sollte sich jeder junge Lehrer zu schade sein!

Recht anfällig für Muster sind auch die **Einstiege** in den Unterricht. Über gute und vielfältige Unterrichtseinstiege gibt es mittlerweile eine Fülle von Literatur (Greving/Paradies 1996, Grell/Grell 1993). Da braucht man den Unterricht nicht mit der schon klassischen Formulierung zu beginnen: „Wir wollen heute" (wer ist „wir"? Sind Sie sicher, dass alle „wollen"?) oder – unabhängig vom Charakter der unterrichtlichen Einheit – immer einen gleichen Ablaufplan vorzugeben.

Sie selbst gewöhnen sich daran und verlieren schöpferisches Potenzial. Ihre Schüler gewöhnen sich daran und boykottieren irgendwann Ihren Unterricht.

Ebenso anfällig für stereotype und unüberlegte Wiederholungen ist das **Methodenrepertoire**. Es ist wiederum verständlich, dass man als Anfänger Methoden bevorzugt, bei deren Anwendung man sich sicher fühlt. Ihr methodisches Repertoire ist ja auch noch nicht so umfangreich. Solange das weder für Ihre Schüler zur Qual noch für Sie selbst entwicklungshemmend wirkt, lässt sich nichts dagegen sagen. Seine eigenen Stärken soll man ausbauen. Darauf haben wir bereits verwiesen. Aber wenn dadurch der Blick für alle anderen Möglichkeiten verloren geht, dann tut man sich selbst keinen Gefallen.

Anfällig ist auch der Einsatz von **Folien** im Unterricht (vergleichen Sie dazu das Eingangsbeispiel dieses Kapitels). Sind Folien geeignet, soll man sie wieder verwenden. Natürlich! Müssen sie vorher allerdings mit einer Fülle von korrigierenden Erklärungen versehen werden, weil sie in mancherlei Hinsicht überholt sind, fertigen Sie besser eine neue Folie an. Wenn Sie dabei feststellen, dass Sie zu viel Text auf Ihrer Folie haben, den die Schüler ohnehin nicht lesen werden, dass die Schrift viel zu klein ist, als dass sie die Schüler auf den hinteren Plätzen erkennen können oder dass Sie den Schülern generell eine schlecht konzipierte und unästhetisch gestaltete Folie bieten – dann korrigieren Sie das alles gleich mit. Es kostet zwar Zeit, aber der Gewinn wird in vernünftiger Relation dazu stehen.

7. Zur Methodenmonotonie lebenslang verurteilt?

Einige junge Lehrer sind auch anfällig für das Abbrennen eines **Medienfeuerwerkes**. Die Absichten sind gut: Sie wollen den Schülern etwas bieten und mit den medialen Gepflogenheiten der Gesellschaft Schritt halten. Dass Letzteres allerdings ein sinnloses Unterfangen ist, haben wir an anderer Stelle bereits festgestellt.

Werden unterschiedliche Medien und ihr Zusammenwirken jedoch genau geprüft, wird ihre pädagogische Zwecksetzung gut überlegt und wartet man in der Regel zu besonderen Höhepunkten im Unterricht damit auf, dann ist ein komprimierter Medieneinsatz völlig in Ordnung. Allerdings: Man sollte den Überblick behalten und auch technisch so versiert sein, dass Beabsichtigtes nicht durch Unprofessionalität zerstört wird.

Reflektierte Praxis – und alles wird gut?

Den Berufseinstieg gut zu bewältigen, allmählich methodische Sicherheit zu erwerben und einem Abgleiten in Monotonie von vornherein vorzubeugen setzt kontinuierliches Nachdenken über die eigene Unterrichtspraxis voraus. In verschiedenen Zusammenhängen wurde bereits darauf hingewiesen. Reflektieren zu lernen ist eines der wichtigsten Ausbildungsziele in erster und zweiter Phase der Lehrerbildung. Das wird auch bei Ihnen so gewesen sein. Hier dürfte es keine Diskrepanzen zwischen beiden Phasen geben bzw. gegeben haben. Jeder Berufseinsteiger müsste demzufolge ein gewisses Fundament besitzen, über seine Praxis reflektieren zu können. Ebenso wichtig ist das Bedürfnis, es tun zu **wollen**. Für den Schreibtisch war das nicht gedacht, was in beiden Phasen der Lehrerbildung zur Reflexion von Unterricht vermittelt wurde. Jetzt sind Sie gefordert, besser: dazu aufgefordert, über ihren eigenen Unterricht nachzudenken, sich mit diesem Unterricht und ihren eigenen Gedanken dazu prüfend auseinander zu setzen.

Die Gretchenfrage allerdings lautet: Wollen Sie es?

Bedenken Sie: Reflexion ist Ihre große Chance! Sie verhilft Ihnen zu größerer Sicherheit – an der richtigen Stelle – und zu eigener Verunsicherung – ebenfalls an der richtigen Stelle. Sie kann dazu führen, Unterrichtspraktiken aufzugeben und über neue nachzudenken. Mit ihrer Hilfe finden Sie allmählich Ihre besonderen Stärken heraus, werden sich aber auch Ihrer Schwächen bewusst. Kann das eigene Nachdenken durch Supervision und Gesprächskreise noch gestützt und ergänzt werden – umso besser. Leider ist das nicht überall möglich. Es sei denn, dass sich im Umgang mit jungen Lehrern prinzipiell etwas ändert, wie ja vielfach gefordert wird (siehe dazu auch die ersten Kapitel).

Zum Reflektieren über die eigene Praxis sollten Fragen gehören wie:

- Was hätte ich in meinem Unterricht gern erreicht? Ist es aus meiner Sicht gelungen? Warum? Oder warum ist es nicht gelungen?
- Waren Unterrichtsaufbau und Methodeneinsatz angemessen oder waren sie schlecht überlegt? Woran habe ich das gemerkt?
- Wie habe ich die Schüler wahrgenommen, wie mich selbst?

Die Fragen und Ansatzpunkte sind ausbaufähig und auch individuell stark variierbar. Überlegungen zu den Ursachen gehören stets dazu. Binden Sie die Frage nach unguten Gewohnheiten, die sich vielleicht schon einzuschleichen beginnen, auch bald mit ein. Aber nehmen Sie sich nicht zu viel auf einmal vor. Auch hier gilt: Prioritäten setzen! Das ist oft eine einfache Frage des Überlebens!

Aber wie ist es um die Zeit bestellt? Hat ein junger Lehrer die überhaupt?

Kann er sich das Nachdenken leisten? Schließlich wartet ja am nächsten Tag wieder Unterricht auf ihn, warten die Schüler, wartet das Alltagsgeschäft.

Mit Sicherheit muss er das „einrichten", weil es der einzige Weg ist, sein tägliches Schul- und Unterrichtsdasein weitgehend selbst zu steuern und sich nicht wehrlos auszuliefern. Im Übrigen lässt sich durch geordnetes Nachdenken das oft vorhandene Gedanken- und Gefühlschaos relativieren, in dem sich manche Berufsanfänger nach eigenen Aussagen zuweilen befinden. Sie kommen nicht los von dem, was während des Schultages auf sie eingestürmt ist. Da ist es schon besser, nach Ordnung zu suchen.

Ein Beispiel aus einer anderen Welt?

Die Rede ist von einer Untersuchung, die CARY CHERNISS (1999) in den USA durchführte. Er hat Menschen, die personenbezogene Dienstleistungsberufe ergriffen haben, während ihres ersten Berufsjahres begleitet: Rechtsanwälte, Schuldnerberater, Krankenschwestern, Lehrer, Sozialarbeiter, Psychologen. Er hat beobachtet, wie sie in Reaktionen auf den Stress, dem sie sich aussetzten, Teile ihres Idealismus und Engagements verloren (vgl. EBENDA S. 9). Aus seinem Vorhaben wurde eine Studie über frühen beruflichen Burn-Out.

Zehn Jahre später untersuchte er denselben Personenkreis, aus dem inzwischen Profis geworden waren, wieder und stellte Erstaunliches fest:

> „Die interessantesten Geschichten erzählten mir jene Professionellen, die ursprünglich zu denen gehört hatten, die am Ende des ersten Berufsjahres am meisten ausgebrannt waren, die sich aber offensichtlich erholt hatten – so sehr erholt hatten, dass sie ein Jahrzehnt später zu den zufriedensten, zugewandtesten und engagiertesten Gewährspersonen in meiner Untersuchung gehörten."
> (EBENDA, S. 184)

Sie hatten gelernt, ihr persönliches Engagement genauer zu dosieren, hatten an Kompetenz gewonnen und waren sich dieser Tatsache bewusst. Sie arbeiteten autonomer, konnten ihren Ehrgeiz steuern und arbeiteten besser mit ihren Klienten zusammen.

Auf der Grundlage seiner Studie konnte CHERNISS eine Reihe von Schlussfolgerungen für Politik und Praxis ziehen, die es Professionellen erleichtert, ihre Arbeit gut zu machen und sich dabei zugleich nicht zu verbrauchen. Dazu gehören die Gestaltung besserer Arbeitsbedingungen, die Schaffung von Möglichkeiten, spezielle Interessen zu entwickeln, die Unterstützung der Fähigkeit zum Handeln in der betreffenden Institution und die Ausbildung von Fertigkeiten, die Ergebnisse bisher geleisteter Arbeit zu nutzen (vgl. EBENDA, S. 183 ff.). Hoffnung für andere?

Zumindest ein weiterer Grund zum Nachdenken.

Klippenmanagement – was gehört dazu?

Ich behalte meine gewählte Gliederung in Qualifikationen unterschiedlicher Art weiterhin bei, werde jedoch die Grundqualifikationen etwas umfangreicher erfassen und differenzierter darstellen, als ich das bisher getan habe. Ich tue das deshalb, um die unabdingbare Notwendigkeit persönlicher Investitionen in die Anfangsphase auch hierdurch nochmals besonders zu unterstreichen.

Grundqualifikationen

❶ Behalten Sie an Unterrichtsmethoden bei, was Ihnen gut gelungen ist. Scheuen Sie sich nicht, hier erste Routinen auszubilden. Aber setzen Sie sich auch Warnzeichen: Übertreibungen, schematische und unreflektierte Anwendungen schaden Ihnen und Ihren Schülern mehr, als dass sie Nutzen brächten.

❷ Machen Sie sich den Grundsatz zu eigen: Erfolge – auch kleine – bauen mich auf. Da solche „Aufbauarbeit" selten von anderen geleistet wird, müssen Sie es selbst tun. Erinnern Sie sich vielleicht an BRECHT: Sei gut zu anderen, aber sei auch gut zu dir selbst.

❸ Versuchen Sie, Ihre methodischen Schwächen genauer „einzukreisen". Bleiben Sie sachlich und unaufgeregt sich selbst gegenüber. Zerstören Sie sich nicht.

❹ Versuchen Sie Schwächen – wo möglich – durch Stärken auszugleichen. Überlegen Sie genau, was Sie wollen. Nutzen Sie dabei die Fülle an guter Literatur zu Unterrichtsmethoden.

❺ Geben Sie sich Zeit und werden Sie nicht zu rasch ungeduldig mit sich selbst.

❻ Lassen Sie sich aber auch nicht zu lange Zeit für Entscheidungen. Sonst werden Sie von den besonders in den nächsten Jahren zu erwartenden Veränderungen im Unterricht hoffnungslos überrollt.

Aufbauqualifikationen

Legen Sie sich eine „Methodenbox" an, in der Sie Erfolgreiches und weniger Erfolgreiches sammeln. Vielleicht jeweils verbunden mit einem kritischen Kommentar?

Kür

Unterrichtsmethoden sind solch ein spannendes und ertragreiches Thema, dass im Grunde jegliche Beschäftigung mit ihnen einer Kür gleicht …

Zum **Nachdenken** habe ich folgenden Text für Sie ausgesucht, den ich in einem Interview mit Jürgen Baumert nach PISA fand:

> „Unser Standardunterrichtskonzept des ‚fragend-entwickelnden Unterrichts' ist äußerst anspruchsvoll und im Falle des Gelingens ein kognitiv aktivierendes, wenn auch für die Lehrkraft sehr anstrengendes Unterrichtsmuster. Gleichzeitig ist aber das Risiko des Scheiterns, wie alle Videoaufzeichnungen belegen, sehr hoch. Die konvergent auf ein Ergebnis ausgerichtete Unterrichtsführung führt dann dazu, dass ein anspruchsvolles Ausgangsproblem in der Folge immer einfacherer Fragen schrittweise trivialisiert wird. Bei dieser Choreografie verfügen Lehrkräfte weder über die psychischen Ressourcen noch über die Zeit, um auf die Differenz adäquat einzugehen." (Jürgen Baumert 2002, S. 25, in einem Gespräch mit der Zeitschrift „Erziehung und Wissenschaft" über PISA)

Literatur

ASCHERSLEBEN, KARL: Frontalunterricht – klassisch und modern. Eine Einführung. Neuwied/Kriftel 1999

BÖHMANN, MARC/HIRN, MICHAEL/HOFFMANN, KIRSTEN: Den Berufseinstieg gestalten. Reform-Ambitionen, Erwartungen und Anregungen. In: Pädagogik, Weinheim 53/2001/2

CHERNISS, CARY: Jenseits von Burn-Out und Praxisschock. Hilfen für Menschen in lehrenden, helfenden und beratenden Berufen. Weinheim und Basel 1999.

CLOETTA, BERNHARD/HEDINGER, URS K.: Die Berufssituation junger Lehrer. Bern 1981

Erfolgreiche Länder haben integrierte Systeme. E&W-Gespräche über Ursachen und Folgen der PISA-Ergebnisse. In: Erziehung und Wissenschaft, Frankfurt 54/2002/1

GRELL, JOCHEN/GRELL, MONIKA: Unterrichtsrezepte. Weinheim und Basel 1993

GREVING, JOHANNES/PARADIES, LIANE: Unterrichts-Einstiege. Ein Studien- und Praxisbuch. Berlin 1996

HERRMANN, ULRICH/HERTRAMPH, HERBERT: Der Berufsanfang des Lehrers – der Anfang von welchem Ende? In: Die Deutsche Schule. Weinheim 92/2000/1

MEYER, HILBERT: Unterrichtsmethoden I: Theorieband, Frankfurt am Main 1999, 8. Auflage; II: Praxisband, Frankfurt am Main 1999, 9. Auflage

WALLRABENSTEIN, WULF: Offene Schule – offener Unterricht. Ratgeber für Eltern und Lehrer. Reinbek bei Hamburg 1991

8. Disziplin in der Klasse
   Wunsch des Anfängers und
   Albtraum zugleich

▶ Um Disziplin im Unterricht und an der Schule zu sichern, mussten und müssen Lehrer in der Regel stets sehr einfallsreich sein. Um Disziplin zu stören, waren und sind Schüler nicht weniger einfallsreich.
Der junge Lehrer soll auf einige Aspekte aufmerksam gemacht werden, deren Verinnerlichung ihm helfen könnte, mit seiner eigenen Macht umzugehen – ebenso mit der von Schülern – und einige Probleme zu beeinflussen, die daraus erwachsen könnten.
Die oft ungute Mischung zwischen Kumpelhaftigkeit und Intoleranz bei jungen Lehrern wird besonders thematisiert. ◀

Das Ansehen von Lehrern
– wovon wird es seit Jahrhunderten bestimmt?

Seit Jahren gehört das Disziplinproblem zu den schwierigsten Problemen junger Lehrer. Das zeigen Untersuchungen (zum Beispiel CLOETTA/HEDINGER 1981), aber auch Diskussionen mit Berufsanfängern. Sogar Studenten meinen – im Vorgriff auf ihren künftigen Beruf –, dass die Disziplin der Schüler ihnen wahrscheinlich einmal sehr zu schaffen machen werde.

Jedenfalls ist Disziplin ein Angstthema für viele. Das ist nicht verwunderlich, da „Disziplin zu haben" oder „keine Disziplin zu haben" zu den Gütesiegeln der Arbeit eines Lehrers gehört. Und das seit Jahrhunderten. Ganze Generationen von Pädagogen waren damit beschäftigt herauszufinden, wie man denn zu einer erträglichen Disziplin im Unterricht gelangen könnte.

Fast noch mehr Aufmerksamkeit aber fand das Problem der Sanktionen, der Strafen, die Schüler erfahren sollten, wenn sie gegen die herrschende bzw. gewünschte Disziplin verstoßen hatten. Vor allem bei körperlichen Züchtigungen gab es ziemlich genaue Festlegungen, mit welcher Intensität welcher Teil des Körpers zu züchtigen sei. Solche Festlegungen waren staatlich sanktioniert, dem „individuellen Einfallsreichtum" von Lehrern waren aber häufig keine Grenzen gesetzt. In der Belletristik finden sich viele Belege dafür. Gerichtsprozesse, die Eltern anstrengten, verliefen nicht immer zugunsten der Schüler und Eltern.

Nebenbei: Bei weitem nicht alle Eltern lehnten körperliche Züchtigungen ab. Und trotz veränderter Gesetzeslage ist bis heute für manches Kind die elterliche Ohrfeige (oder auch mehr) erlebte Erziehungspraxis.

Und was ist mit dem Schlüsselbund, der gegenwärtig noch durch manche Klasse fliegt?

KATHARINA RUTSCHKY hat in ihrer „Schwarzen Pädagogik" viele aufschlussreiche Beispiele aus der Geschichte versammelt, die über diese „Ausrutscher" der Pädagogik Auskunft geben (RUTSCHKY 1993). Aber waren das wirklich nur „Ausrutscher"? Oder Zeichen von pädagogischer Ohnmacht? Oder der Mehrzahl pädagogischer Konzepte zugehörige Konsequenzen, wenn sich Theorien über die Hürden des Alltags schleppen mussten? Jedenfalls gehört vieles, was mit Disziplin bzw. Disziplinierung von Schülern im Zusammenhang steht, nicht unbedingt zu den ruhmvollsten Kapiteln der Pädagogik.

Bisher stand mehr die Schülerperspektive im Vordergrund. Die Lehrerperspektive, die Handhabung des Disziplinproblems durch den Lehrer waren jedoch der Ausgangspunkt. Mit den eingangs benannten Urteilen wird zugleich immer ein Urteil über die Person des Lehrers gefällt. Gerade das ist häufig sehr schmerzlich. Ein Lehrer, der mit dem Etikett, er habe keine Disziplin in seinem Unterricht, bei ihm könne man machen, was man wolle, an einer Schule leben

8. Disziplin in der Klasse

muss, wird bestimmt nicht zu den Glücklichen seines Berufsstandes gehören. Mit Sicherheit wird er leiden und oft kann er nur durch professionelle Hilfe dieser schlimmen Falle entkommen. Aber es ist möglich! Dennoch wäre es sehr nützlich für den Lehrerstand, wenn beispielsweise die zahlreichen und äußerst wichtigen Aktivitäten zur Schulentwicklung auch bewusst an Absprachen und gegenseitige Unterstützung der Lehrer zur Entwicklung von Disziplin an der Schule gekoppelt würden. Eine gute Arbeitsatmosphäre, die untrennbar zur Schulentwicklung gehört, hat auch mit Rücksicht aufeinander, mit dem Wissen voneinander, auch einmal mit Unterstützung untereinander zu tun.

Haben nun erfahrene Lehrer auch noch Disziplinprobleme? Ja! Zumindest partiell. Dennoch: Berufsanfänger kann es besonders hart treffen. Kann! Es muss aber nicht sein! An kleinen Schulen, an Schulen mit einer kollegial agierenden Schulleitung, an Schulen mit einem in gewissem Sinne altruistisch und nicht egoistisch orientierten Kollegium, muss ein Berufsanfänger durchaus keine gravierenden Disziplinprobleme haben. An anderen Schulen kann das durchaus der Fall sein. Darauf warten sollte man aber keinesfalls. Auch die so genannten schwierigen Klassen, die Anfängern nicht selten übergeben werden, müssen nicht zum Albtraum werden. Aber: Sie können es. Da pädagogische Situationen und Verhältnisse selten nur eindimensional bestimmt werden können und im schulischen Alltag ebenso selten ausschließlich und mit hundertprozentiger Sicherheit nur in einer Richtung verlaufen, ist es wahrscheinlich für den Anfänger immer günstig, von dieser (bereits mehrfach genannten) Offenheit auszugehen.

Das ist erlernbar.

Der Erwerb pädagogischer Kompetenz, der ja nie zu einem in Metern und Sekunden zu definierenden Ende führt, schließt das Verständnis dieser Offenheit und den Umgang mit ihr ein.

Wurde das Problem der grundsätzlichen Offenheit verinnerlicht, ist es auch besser möglich, die eine oder andere „Niederlage" zu verkraften, da sie zu Auseinandersetzung mit einer Situation und ihren unterschiedlichen Möglichkeiten der Wahrnehmung und des Umgangs mit ihr anregt. Ausweglosigkeit ist also nicht vorprogrammiert. Ganz im Gegenteil. Es ist möglich, handlungsfähig zu bleiben, wenn auch oft große Anstrengungen damit verbunden sind. Und auch hier gilt wieder: Geben Sie sich Zeit. Selten verhalten sich Schüler von einer Unterrichtsstunde zur anderen und dann vielleicht noch für immer so, wie es den eigenen Traumvorstellungen entspricht. Verändertes Schülerverhalten folgt Ihrer Absicht kaum jemals auf dem Fuße.

Beispiele, Möglichkeiten, Gründe und Hintergründe einer erträglichen Disziplin

Es ist nicht leicht zu verstehen: Sogar viele der Schüler, die manchmal oder fast immer undiszipliniert sind, sind im Grunde für Disziplin im Unterricht. Gerade solche Schüler favorisieren oft Lehrer, die extrem streng sind. Manch Außenstehender sagt dann: Na ja, eine straffe Hand wird eben gebraucht! Schüler selbst bringen zum Ausdruck: Wir wollen keinen Lehrer, der untergeht. Oder: Wir wollen Lehrer, die durchgreifen können. Lehrer selbst sagen: Ich will meine Klasse „im Griff" haben …

„Im Griff" – darüber sollten Sie einmal nachdenken.

Im Grunde stoßen wir hier auf ein Dilemma: Disziplin ist zwar auch bei notorisch undisziplinierten Schülern erwünscht, aber selbst wollen diese Schüler nichts dafür tun. Die Hilfe soll von außen kommen, das heißt am besten von einem strengen Lehrer. Der Lehrer soll bestimmen, wo es langzugehen hat. Er soll die Richtung festlegen, ein Abdriften von der angegebenen Richtung verhindern und letztlich auch für Sanktionen sorgen.

Eigenes Nachdenken wird dem Schüler dabei erspart.

Eigentlich sehr bequem!

Damit ist nichts gegen einen strengen Lehrer gesagt, viel aber gegen das Ausklinken von Schülern aus ihrer Verantwortung. Das darf ein Lehrer nicht wollen (selbst unbeabsichtigt nicht), und Schüler dürfen auch nicht dazu erzogen werden. An Schulen, in denen schon den jüngsten Schülern Verantwortung für die Schule, den Unterricht, das Zusammenleben übertragen wird, hat auch ein Berufseinsteiger ein leichteres Arbeiten. Es ist aber nicht immer davon auszugehen, dass ein junger Lehrer auf solch eine günstige Situation trifft. Die Anstrengung ist dann größer für ihn.

Worauf sollte ein junger Lehrer sich besonders konzentrieren:

- Es muss eine vernünftige Arbeitsatmosphäre herrschen.
  (Wenn das nicht der Fall ist, muss viel Zeit und Kraft in die ständige Wiederherstellung investiert werden.)
  Dazu gehört ein sachlicher, bestimmter und freundlicher Umgang mit den Schülern. Ein unverhältnismäßiges „Ausrasten" von Lehrern kann verheerende Folgen haben, den Lehrer in den Augen der Schüler weitgehend disqualifizieren und ihn selbst viel Mühe kosten, das Verhältnis zu den Schülern wieder zu normalisieren.
  Dazu gehört auch das möglichst baldige Einbeziehen von Schülergesprächen und Klassenkonferenzen, in denen die Schüler selbst mobilisiert und aktiviert werden. Dreikurs, Grunwald und Pepper geben hierzu Hinweise, die nach wie vor brauchbar sind (Dies., Weinheim und Basel 1992).

8. Disziplin in der Klasse

Aber auch alle Arbeiten zu Unterrichtsstörungen (WINKEL, BENIKOWSKI), die in den letzten Jahren erschienen sind, helfen. Dass dabei die Tradition der Schule, an die man gekommen ist, zu beachten ist, versteht sich von selbst. Ist ein solches Vorhaben generell neu an der Schule, empfiehlt es sich, mit den Kollegen darüber zu sprechen, sie vielleicht um Rat zu fragen, zumindest aber sie zu informieren.

● Die eigenen Vorhaben und Verlautbarungen an die Klasse dürfen wenig „Wackelkontakte" haben.
Alle Forderungen des „Neuen" an die Schüler wollen gut überlegt sein. Im Grunde hat dabei für den Anfänger eine **einzige** Überlegung **absoluten Vorrang**: **Halte ich das durch?** Es ist nicht möglich, beispielsweise Regeln für Arbeitsweisen im Unterricht mit fester Stimme und strengem Blick anzukündigen und sie kurz darauf wieder selbst außer Kraft zu setzen. Damit gräbt man sich sein eigenes Grab. Insofern haben jene Recht, die Lehrern empfehlen, Regeln nur in außerordentlich begrenzter Anzahl einzuführen. Wie sollte ein junger Lehrer zwanzig und mehr Regeln bedenken, ihre Einhaltung beobachten und kontrollieren können? Ich wiederhole mich: **Weniger ist mehr!**

● Bei Disziplinproblemen müssen zunächst einmal die Ursachen bei sich selbst gesucht werden.
Auch wenn es zunächst entlastender und bequemer ist, andere verantwortlich zu machen, bringt dies auf Dauer keinen Gewinn. Eine auf sich selbst bezogene kritische Bilanz hingegen kann wesentlich zur Entwicklung der eigenen beruflichen Kompetenz beitragen. Es ist nicht nötig, sich zu zerfleischen. Eine sachliche Analyse ist alles, was verlangt wird. Auch im Hinblick auf eine solch schwierige Problematik wie die der Disziplin.
Fragen Sie sich beispielsweise:
– Wann setzte eine verstärkte Unruhe – ein weit verbreitetes Zeichen für Disziplinlosigkeit – ein?
– Von welchem Schüler oder welcher Schülergruppe ging diese Unruhe aus?
– Was haben Sie selbst zu diesem Zeitpunkt gerade getan?
– Wie haben Sie auf die Unruhe der Schüler reagiert?
Prüfen Sie, ob eventuell Über- oder Unterforderungssituationen für die Schüler der Auslöser gewesen sein könnten. Oder mangelnde Aufgabendifferenzierung. Was Sie selbst betrifft, könnten Sie überlegen, ob Sie vielleicht gerade weitschweifig doziert oder den Schülern unklare Fragen gestellt oder eine Regel „en passant" außer Kraft gesetzt, oder einen Schüler zu Unrecht ermahnt haben. Besonders wichtig aber ist immer wieder, die eigene Reaktion und Reaktionsfähigkeit zu überprüfen. Die kann sich durchaus bei

nachträglicher Besichtigung in Ihren eigenen Augen als falsch darstellen. Dann suchen Sie eine Gelegenheit, mit den Schülern bald darüber zu sprechen. Aber artikulieren Sie dabei ebenfalls **Ihr** Verständnis von Unterricht und diszipliniertem Verhalten im Unterricht. Sie können sich aber auch einfach vornehmen, sich bei vergleichbaren Situationen in der Klasse anders zu verhalten und zwar ohne große Erklärungen. Sie sind nicht verpflichtet, alles an die große Glocke zu hängen.

Ein Exkurs über die Macht und die Hilflosigkeit von Lehrern

Viele sprechen nicht gern über die Macht im Klassenzimmer. Noch weniger gern über die Macht einer Person, die Macht des Lehrers. „Macht" passt irgendwie nicht zum Verständnis von Demokratie. Dennoch gibt es sie, und sie wird täglich in Tausenden von Klassenzimmern realisiert. Der Lehrer hat eine pädagogische, soziale, juristische, ja auch physische Macht über seine Schüler (vgl. MEYER 1999, S. 51). MEYER führt drei Gründe hierfür an:

- Der Lehrer kann als Vertreter der Institution Schule auf deren institutionelle Macht zurückgreifen.
- Er kann belohnen und strafen, zensieren und selektieren.
- Er kann zum Identifikationsobjekt für die Schüler werden.

Selbst die seit Jahren gehäufte Kritik an Schule stellt dieses Machtmonopol selten in Zweifel. In Ansätzen gibt es zwar einige Überlegungen im Zusammenhang mit internationalen Leistungsvergleichen (zum Beispiel PISA), das selektierende deutsche Bildungs- und Schulsystem kritischer zu betrachten, aber es handelt sich in der Tat nur um Ansätze.

Wenn eine solche Macht schon gegeben ist – und zwar unabhängig von den persönlichen Vorstellungen und dem Wollen des Einzelnen –, dann ist es erforderlich, sich damit auseinander zu setzen. Und das heißt für den einzelnen jungen Lehrer vorrangig, für sich einen Weg zu finden, der ihm hilft, anständig mit seinen Schülern umzugehen. Daran ist gebunden, die Würde der Schüler zu achten, aber auch seine eigene Würde nicht leichtsinnig aufs Spiel zu setzen.

Ein Lehrer hat aber zugleich auch den Schutz der Institution, zum Beispiel durch deren juristische Regelungen und Festlegungen. Darum muss ein junger Lehrer wissen und, wenn es erforderlich ist, davon Gebrauch machen.

Aber auch die Schüler sind geschützt. Und es gibt Elternrechte, um die ein junger Lehrer genau Bescheid wissen sollte. Den Eltern steht zu, ihre Rechte konsequent einzufordern. Darum zu wissen und die Rechte der Eltern zu achten und zu beachten erleichtert auch das Leben eines jungen Lehrers.

Bisher war von der Macht des Lehrers die Rede. Hört man aber nicht zunehmend davon, dass die **Schüler** mittlerweile über eine nahezu unbegrenzte Macht verfügen? Die schlimmsten Beispiele: körperliche Gewalt gegen Lehrer – bis hin zur physischen Vernichtung. Jedes einzelne Beispiel ist erschütternd und nicht nur für junge Lehrer mit schrecklichen Vorstellungen verbunden.

Für junge Lehrer tägliches Erlebnis sind aber oft die vielen kleinen Machtproben der Schüler und noch schlimmer: das Untergraben des Ansehens eines Lehrers auf relativ beständige Art und Weise. Wie erfinderisch Schüler sein können, ist wahrscheinlich bekannt.

Da taucht dann schon die Frage auf: Sind nicht eher die Lehrer hilflos den Schülern ausgeliefert, als dass diese unter der Macht von Lehrern leiden?

Zuweilen hat man in der Tat den Eindruck, dass die Schüler immer schlimmer und auffälliger werden und die Lehrer ihnen immer weniger entgegenzusetzen haben. Aber diesem Problem kommt man nicht durch „Anziehen der Schrauben" bei, wie beispielsweise einige nach dem bedauerlichen und hier bereits mehrfach erwähnten Abschneiden deutscher Schüler bei internationalen Vergleichsarbeiten (TIMMSS, PISA) den Lehren heiß empfehlen. Allerdings tun sie dies auf anderem Hintergrund als dem unsrigen! Besser abgeschnitten als Deutschland haben sowohl Länder, in denen überaus strenge Lern- und Umgangsnormen mit den Schülern herrschen, als auch solche mit sehr freien und demokratischen Regeln. Sich leichtfertig auf ein „Anziehen der Schrauben" einzulassen könnte vor allem für junge Lehrer negative Folgen haben. Der bessere Weg ist, durch gemeinsame Regelfindungen (auch -einhaltung!) mit den Schülern die komplizierten Probleme im Umgang miteinander zu lösen. Insofern ist für junge Lehrer alles sehr hilfreich, was seit Jahren zur Lösung von Konflikten (zum Beispiel THOMAS GORDON 1991) oder zum demokratischen Klassenzimmer und den damit verbundenen Problemen (zum Beispiel RUDOLF DREIKURS/BERNICE GRUNWALD/FLOY PEPPER 1992), aber auch zu Mediation bzw. Streitschlichtung veröffentlicht wurde und wird.

Es ist aber auch wichtig, dass gerade junge Lehrer eigene Fortbildungen zu diesen Themenkreisen einfordern. Wenn die hiermit verbundenen Probleme für Berufsanfänger von existenzieller Bedeutung sind, dann muss es auch ein gesellschaftliches Interesse geben, sie auf diesem Feld nicht im Regen stehen zu lassen.

Der Berufsanfänger zwischen Kumpelhaftigkeit und Intoleranz

Wegen ihrer relativen Nähe zur Lebenswelt der Schüler genießen Berufsanfänger ein großes Privileg: Sie finden rasch Zugang zu den Schülern, die Schüler wiederum finden rasch Zugang zu ihrem jungen Lehrer. Das ist für beide Seiten gut.

Dennoch ist dieses mögliche leichte Zueinanderfinden nicht ganz problemlos: Es kann dazu verführen, partiell oder auch generell eine Prise zu viel an Zuwendung zu den Schülern einzusetzen, mit einem Wort: in Kumpelhaftigkeit zu verfallen oder gar dazu, sich bei den Schülern anzubiedern. Das kann bei der Anpassung der Kleidung (vgl. Kapitel 6) beginnen und beim buchstäblichen ständigen Auf-die-Schulter-Klopfen enden. Wenn es vielleicht auch zunächst den Anschein haben mag, die Schüler flögen einem auf diese Weise zu, so wird sich ein solcher Anfangsvorteil relativ rasch verflüchtigen. Zum einen ruft Kumpelhaftigkeit wahrscheinlich den Unmut der anderen Kollegen auf den Plan. Zum anderen sind auch die Schüler nach einer gewissen Zeit ein solches Verhalten leid. In einer Gesprächsrunde, die ich mit Abiturienten hatte, wurden sowohl Kumpelhaftigkeit als auch Intoleranz von Berufsanfängern und vor allem das Pendeln zwischen beiden Polen als „unerträglich" bezeichnet.

Kumpelhaftigkeit ist in vielen Fällen Ausdruck von Angst, sich unbeliebt zu machen. Oder Angst vor Auseinandersetzungen. Deshalb wird eine Art „Weg des geringsten Widerstandes" gewählt. Zeitweilig in der Tat Erfolg versprechend. Aber nur zeitweilig! Letztendlich kann eine solche Wahl mit dem Auftrag des Lehrers (und Pädagogen) kollidieren, nämlich, so wie Hentig das ausdrückte, jungen Menschen zu helfen, erwachsen zu werden. Dazu aber muss das eigene Potenzial als Erwachsener eingesetzt werden. Abgesehen davon erkennen die Schüler relativ bald die Unsicherheit, die man verbergen wollte. Das muss dann nicht immer angenehme Folgen haben.

Die andere Gefahrenquelle für junge Lehrer liegt in der Intoleranz. Es wird angenommen, wenn man den Schülern gleich anfangs kompromisslos gegenübertrete, bekämen sie sofort den nötigen Respekt und würden sich genauso verhalten, wie man selbst es von ihnen fordert. Ohne auf weitere Zusammenhänge und Folgen einzugehen, möchte ich den entscheidenden Mangel dieses „Konzepts" hervorheben: Der größte Hemmschuh dabei sind Sie selbst! Das deshalb, weil unendlich viel Kraft, Ausdauer und Willensstärke dazugehören, um sich im Umfeld von selbst verordneter Intoleranz unablässig zu behaupten und sich selbst nicht aufweichen zu lassen. Ich denke hier sofort an Brechts *„Die Maske des Bösen"*, erstmals 1942 erschienen:

8. Disziplin in der Klasse

> „An meiner Wand hängt ein japanisches Holzwerk –
> Maske eines bösen Dämons, bemalt mit Goldlack. Mitfühlend sehe ich –
> Die geschwollenen Stirnadern, andeutend –
> Wie anstrengend es ist, böse zu sein."

Wird bereits ein kleines Steinchen aus der Fassade des strengen, unnahbaren, konsequent „bösen" Lehrers herausgebrochen, kann die ganze Fassade in sich zusammenstürzen: HEINRICH MANNS *„Professor Unrat"* kann hierfür Beispiel und Warnung zugleich sein. Konsequenz, auch manchmal Strenge sind schon vonnöten, aber Intoleranz passt nicht in die Gesellschaft. Sie gehört schon gar nicht zum Umgang mit jungen Menschen.

Unter der Hand wurde jetzt bereits eine Thematik berührt, die sich mit dem Wort **Grenzen** umfassen lässt. Über Grenzen wird zuweilen auch nicht allzu gern gesprochen. Der Streit flammt vorrangig dann auf, wenn es darum geht, wer denn die Grenzen festlegt. Vor allem im Hinblick auf die Erziehung von Kindern und Jugendlichen können die Fronten da manchmal ziemlich starr sein. In unserem Fall geht es darum, Grenzen in sich selbst zu setzen: weder kumpelhaft noch intolerant zu sein und schon gar nicht zwischen beiden Polen unablässig zu pendeln.

Ich hatte Ihnen bereits empfohlen, über Ihren Unterricht regelmäßig und gründlich nachzudenken. Ihr Auftreten vor der Klasse unter der Sicht auf diese beiden Pole sollten Sie einbeziehen. Das aber nur dann, wenn Sie Gefahren von Kumpelhaftigkeit und Intoleranz bei sich erkannt haben. Einreden sollten Sie sich das nicht. Sie sind ja für sich selbst verantwortlich. Wenn Sie allerdings unsicher sind, könnten Sie einen Kollegen Ihres Vertrauens bitten, Sie im Unterricht zu besuchen oder Ihren Umgang mit den Schülern während der Pause eine Zeit lang zu beobachten. Dass das anschließende Gespräch ein vertrauliches zwischen Ihnen beiden sein muss, versteht sich von selbst.

Halte ich die undisziplinierten und aufmüpfigen Schüler aus?

Eigentlich muss die Frage lauten: Wie lange halte ich sie aus? Ein Leben lang? Nur kurze Zeit? Sollte ich gleich aufgeben?

Etwas der Reihe nach! Wenn Sie für sich entschieden haben: Der Lehrerberuf ist **mein** Beruf – dann wird der Hintergrund für eine solche Entscheidung sicher der sein, dass sich Ihre schlechten Erfahrungen in Grenzen halten und Sie sich in der Lage sehen, sowohl neue Anforderungen als auch erforderliche „Schönheitsreparaturen" zu bewältigen. Einmal gut, einmal weniger gut. Aber Sie werden es schaffen. In der Anfangsphase des Berufslebens lässt sich das natürlich nur vermuten. Genau genommen, lassen sich **immer** – auch später – nur Vermutungen anstellen, wie weit und wie lange man seinen Beruf noch schaffen wird. Aber die Entscheidungssicherheit wächst. Dazu verhilft sowohl die Bereitschaft als auch die Fähigkeit, sich ständig neuen Situationen zu stellen. Dazu verhilft aber auch die Fähigkeit, Routinen zu erwerben.

Sind Schüler nur mit Mühe auszuhalten, empfiehlt es sich dennoch, nicht zu rasch zu passen. Überprüfen Sie vorbehaltlos die Ursachen, die Sie erkennen können, und vergewissern Sie sich selbst, was abzustellen ist. Auch hier wiederum mein Appell, Sie mögen sich selbst Zeit geben.

Es gibt auch Berufseinsteiger, die nach kurzer Zeit feststellen, dass der Lehrerberuf kein Beruf für sie ist und niemals einer werden wird. Zunächst professionelle Hilfe und Unterstützung zu suchen empfiehlt sich hier unbedingt. Ergeben nochmalige gründliche Prüfungen, dass alle Hoffnungen sich auflösen, ist es sicher besser, sein berufliches Glück auf einem anderen Gebiet zu suchen, anstatt sich weiter durch einen ungeliebten und nicht zu bewältigenden Beruf zu quälen.

Weniger ist mehr

Disziplin ist kein Phänomen, das sich isoliert von anderen Verhältnissen und Daseinsweisen des Unterrichts betrachten ließe. Da es zudem von vielen gesellschaftlichen Faktoren abhängig ist, ist es besonders schwierig, dem Disziplinproblem beizukommen. Wahrscheinlich ist es wichtig, eine Haltung zu erwerben, die „aufbauend" und keinesfalls resignativ ist. Dazu gehört unter anderem zu akzeptieren:

- Sie sind nicht der erste Mensch, der Disziplinprobleme hat.
  In der Geschichte finden sich viele Beispiele. Auch heute sind Disziplinprobleme nicht nur Ihre Probleme. Sie sind leider ein Albtraum mancher Lehrer, vor allem von Berufseinsteigern.

- Das heißt aber nicht, dass Sie sich damit abfinden müssten. Zu resignieren – das kann Ihre Persönlichkeit zerstören.
  Sie brauchen zweierlei: wie immer eine gewisse Ruhe im Umgang mit sich selbst und möglichst wenig Aufgeregtheit. Sie sollten nach Möglichkeit nicht allzu viele Illusionen nähren: Disziplinprobleme sind höchst selten ohne „Rest" zu beheben. Aber: Ein vernünftiges Arbeiten in der Klasse muss Ihnen möglich sein. Und auch den Schülern. Insofern gibt es eine Grenze für das Tolerieren von Disziplinverstößen.

8. Disziplin in der Klasse

- Schonungslose Analysen – zunächst in Ihrem eigenen stillen Kämmerlein – sollten Sie sich nicht ersparen, selbst wenn diese schmerzlich für Sie sind. Aber es ist noch schmerzlicher, Probleme lange Zeit zuzudecken und dann in großer Anhäufung mit ihnen konfrontiert zu werden.

- Nutzen Sie Ihre wichtigsten Stärken, um Disziplinprobleme von vornherein in **Grenzen** zu halten: **Versuchen Sie einen guten Unterricht zu erteilen!** Glauben Sie aber nicht, dass dies die Schüler sofort anerkennen müssten. Manch junger Lehrer hat schon feststellen müssen, dass er trotz exzellenter Vorbereitung und bester Absichten gar nicht zum Unterrichten gekommen ist. Dennoch gibt es für Sie keinen anderen Weg. Alles gruppiert sich um die Qualität des Unterrichts. Disziplin ist zwar auch ein Zeichen hoher Unterrichtsqualität, aber Disziplin kann sich zuzeiten auch selbstständig machen.

- Prüfen Sie genau, ob Verstöße gegen die Disziplin von einem Einzelfall ausgehen (etwa dem Klassenclown, dem konkurrenzängstlichen Schüler, dem Prestigeschüler usw.) oder stärker der Gesamthaltung der Klasse entsprechen. Einzelfälle lassen sich in der Regel im Einzelgespräch lösen. „Klimatische Besonderheiten" ermöglichen das kaum. Lehrer-Schüler-Konferenzen nach den Intentionen von GORDON u. a. sind hier wahrscheinlich erfolgreicher, was nicht ausschließt, sie durch Einzelgespräche zu ergänzen.

- Wenn Sie etwas verändern wollen, bedenken Sie stets die hier mehrfach strapazierte Regel: **Weniger ist mehr!**

Disziplin möglichst auf Dauer – was tun?

An **Grundqualifikationen** möchte ich Ihnen empfehlen:

❶ zu lernen, die Ursachen von Disziplinverstößen vorbehaltlos aufzuklären und offen zu legen (auch, wenn sie bei Ihnen selbst liegen. Sie sollten das aber in einer ersten Annäherung mit sich allein abmachen). Das ist so grundlegend, dass ich mich hier mit Absicht wiederhole;

❷ sich genau über die Beratungsmöglichkeiten, die Sie selbst haben, zu informieren, auch in rechtliche Regelungen und Bestimmungen genau einzudringen;

❸ schon bald nach Ihrem Dienstantritt die herrschende Gesprächskultur an der Schule, genutzte Mediationspraktiken und Ähnliches zu erkunden und – wenn sinnvoll und notwendig – weitere Anregungen zu geben, die auch in Ihrem Interesse liegen.

An **Aufbauqualifikationen** möchte ich Ihnen empfehlen, trotz großer Belastung und Anstrengung in den ersten Berufsjahren unbedingt ein oder zwei Fortbildungen zu Schüleraggressionen oder Unterrichtsstörungen oder zu Mediationspraktiken zu besuchen, um mehr fundiertes Wissen zu erwerben und mit anderen über diese schwierigen Probleme zu sprechen. Sie sollten auch überlegen, ob Ihnen völlig anders geartete Fortbildungen gut tun, die nur mittelbar mit dem Disziplinproblem in Beziehung stehen, Ihnen aber zu mehr Selbstsicherheit, Stärke und persönlicher Ausgeglichenheit verhelfen können: zum Beispiel Kurse über neue Unterrichtsmethoden oder über Stress abbauendes Musizieren in einer Gemeinschaft oder über sportliche Betätigungen ganz unterschiedlicher Art.

Als **Kür** möchte ich Ihnen empfehlen, regelmäßig einige persönliche Auszeiten zu nehmen, in denen Sie sich nur mit sich selbst beschäftigen – ohne an Schule und undisziplinierte Schüler zu denken.

Wenn Sie es schaffen! Aber versuchen sollten Sie es öfter!

Zum **Nachdenken** habe ich für Sie einige Texte aus dem bereits angeführten Buch von Dreikurs/Grunwald und Pepper zusammengestellt:

> „Bis jetzt befassen sich Erziehungssysteme hauptsächlich mit zwei Alternativen im Umgang mit Kindern: Nachsichtigkeit oder Strenge. Aber Nachsichtigkeit führt zur Anarchie und Strenge zur Rebellion. Deshalb nahm man an, daß eine glückliche Mischung aus beidem oder eine Art Mittelweg zwischen den Extremen die Antwort sein könnte. Das ist jedoch nicht der Fall. Solange Lehrer nicht lernen, Kinder intrinsisch zu motivieren und zu beeinflussen, anstatt Druck von außen auszuüben, sind sie nicht in der Lage, irgendeinen Widerstand zu überwinden, auf den sie in der Klasse stoßen."
>
> „Das Verhalten von Kindern können wir nur verstehen, wenn wir seinen Zweck kennen."
>
> „Für störendes, unerwünschtes Verhalten haben wir vier Ziele gefunden:
>
> 1. Aufmerksamkeit erreichen wollen,
>
> 2. Macht, Überlegenheit erlangen,
>
> 3. Rache, Vergeltung üben,
>
> 4. Unfähigkeit zur Schau stellen."
>
> „Wir brauchen ein neues Verständnis für Kinder, das ihre ungeheure Kraft, Planung und Beharrlichkeit berücksichtigt, mit denen sie ihre Umgebung beeinflussen."
>
> (Dreikurs/Grunwald/Pepper 1992, S. 11 f., S. 21, S. 15)

8. Disziplin in der Klasse

Literatur

BASTIAN, JOHANNES (Hrsg.): Strafe muß sein? Das Strafproblem zwischen Tabu und Wirklichkeit. Weinheim und Basel 1995

BENIKOWSKI, BERND: Unterrichtsstörungen und Kommunikative Didaktik. Störungen aus der Sicht der Lerngruppe und die Grenzen didaktischer und psychotherapeutischer Modelle. Baltmannsweiler 1995

BRECHT, BERTOLT: Gedichte, Band VI, 1941–1947 (Gedichte im Exil). Berlin und Weimar 1964

CLOETTA, BERNHARD/HEDINGER, URS K.: Die Berufssituation junger Lehrer. Bern 1981

Disziplin entwickeln. Themenheft „Lernchancen" 1/1998/4. Seelze

DREIKURS, RUDOLF/GRUNWALD, BERNICE B./PEPPER, FLOY C.: Lehrer und Schüler lösen Disziplinprobleme. Herausgegeben von Hans Josef Tymister. Weinheim und Basel 1992, 6. Auflage

GORDON, THOMAS, unter Mitarbeit von BURCH, NOEL: Lehrer-Schüler-Konferenz. Wie man Konflikte in der Schule löst. München 1991, 3. Auflage

MEYER, HILBERT: Unterrichtsmethoden I: Theorieband. Frankfurt 1999, 8. Auflage

REICH, WERNER: Wie erreiche ich im Unterricht Disziplin? In: DREWS, URSULA/FUHRMANN, ELISABETH/REICH, WERNER/WECK, HELMUT: Ratschläge für Lehrer. Praktische Hilfen für den Unterricht. Köln 1988, 2. Auflage

RUTSCHKY, KATHARINA (Hrsg.): Schwarze Pädagogik. Quellen zur Naturgeschichte der bürgerlichen Erziehung. Frankfurt/Main 1993, 6. Auflage

Wenn Lehrer/innen an Grenzen kommen. Themenheft PÄDAGOGIK 50/1998/12. Weinheim

WINKEL, RAINER: Der gestörte Unterricht. Diagnostische und therapeutische Möglichkeiten. Bochum 1996, 6., überarbeitete Auflage

9. Den heimlichen Lehrplan ignorieren? Folgen und Probleme

▶ „Für mich existiert nur der offizielle Lehrplan." – Kann eine solche Aussage stimmen? Was hat es mit dem so genannten „heimlichen Lehrplan" auf sich? Welche Wirkungen hat er und wie lässt sich damit umgehen? ◀

Heimlicher Lehrplan? Nie gehört!

Viele Berufsanfänger haben während ihrer Ausbildung nie etwas von einem so genannten heimlichen Lehrplan gehört. Dabei ist in der Pädagogik seit langem bekannt und zumindest akzeptiert:

> „Was in der Schule vorgeht und was dort gelernt wird, ist nur zu einem geringen Teil als Inhalt des offiziellen Lehrplans ausgewiesen und weitgehend unbekannt."
> (FROMM 1986, S. 524)

In Schule und Unterricht wird also viel mehr gelehrt und gelernt als das, was in den offiziellen Planungsunterlagen enthalten ist.

Gewolltes und Ungewolltes!

Also sowohl das, was mit den Zielverstellungen der Institution Schule und des Unterrichtens übereinstimmt, als auch das, was kaum damit übereinstimmt. HILBERT MEYER spricht davon, dass durch den heimlichen Lehrplan der Mensch erst zum Schüler werde (MEYER 1987, S. 65).

Als Schüler lernt er, sich in der Schule zu verhalten, und zwar so, wie es von dieser als Institution erwartet wird.

Er lernt, sich anzupassen, sich ein- und unterzuordnen, oder aber auch, sich aufmüpfig zu verhalten.

Er lernt, mit der Schule, mit ihren Erwartungen und Regularien zu „spielen", sich einzurichten, das Beste daraus zu machen.

Er lernt, Schule als Ort sozialer Begegnungen (für das Treffen mit seinen Freunden) zu schätzen, und er lernt, sie als Karriereleiter zu begreifen.

Schule und Unterricht können im Zusammenhang mit Lehr- und Rahmenplänen – aber auch weit über diese hinaus – engagierte, selbstbewusste Menschen mit hoher sozialer Sensibilität entwickeln, aber sie können auch „Schleimer" (wie Schüler zu sagen pflegen) und Verlierer entwickeln helfen.

Das, was in Schule und Unterricht also noch passiert, ist manchmal nicht weniger bedeutsam als das, was laut offiziellem Lehrplan gelernt werden soll.

Und wenn ein Lehrer behauptet, er fühle sich in seinem Unterricht allein dem offiziellen oder staatlichen Lehrplan verpflichtet, dann kann das in der Realität nicht möglich sein. Auch in seinem Unterricht wirken Regeln und Rituale der Institution Schule, sind mit seiner eigenen Person Ansprüche, Erwartungen verbunden, die nur bedingt Aufnahme in einen Lehrplan finden.

Im Übrigen ist auch der Lehrer selbst diesem heimlichen Lehrplan unterworfen (vgl. ZINNECKER 1975, S. 29). Er hat mit seinen Folgen ebenso zu leben wie die Schüler und er muss lernen, damit umzugehen.

Der Begriff „heimlicher Lehrplan" wurde von ZINNECKER in die deutsche Pädagogik eingeführt (ZINNECKER 1975). Viele der damit verbundenen Sachverhalte und Zusammenhänge spielten unter anderen Bezeichnungen jedoch schon lange eine Rolle. Der Begriff „heimlicher Lehrplan" scheint mir aber nach wie vor sehr treffend zu sein, vor allem, weil er sich in der Tat eindeutig und einsichtig von seinem begrifflichen Pendant, dem „offiziellen" Lehrplan, abhebt. Obwohl: So „heimlich" ist manches, was sich damit verbindet, nun auch wieder nicht. Dennoch werden bis heute vor allem unliebsame Sachverhalte, die hiermit im Zusammenhang stehen, ignoriert. Das hindert daran, Konsequenzen daraus zu erkennen und mit ihnen umzugehen.

Mit welchen Gegebenheiten und Problemfeldern sollte der Berufsanfänger vor allem rechnen?

Der heimliche Lehrplan – Charakteristika, Beispiele, Wirkungen

Ich wähle Beispiele aus, von denen anzunehmen ist, dass der Berufsanfänger unmittelbar mit ihnen konfrontiert wird.

Da wäre zunächst die **Sitzordnung** im Unterricht anzuführen. An vielen Schulen dominiert nach wie vor die so genannte Omnibusordnung. Sie hat eine lange Vergangenheit. In der Geschichte der Schule wurden die Schüler nach ihrer Leistung geordnet und gesetzt, und zwar in strengem Hintereinander. Zusätzlich gab es dann noch die so genannte „Eselsbank".

Es ist erstaunlich, an wie vielen Schulen die Omnibusordnung bis heute beibehalten wurde. Nicht übermäßig viele stören sich daran. Aber ein Ziel der Gesellschaft und der Schule ist es doch, die Kommunikation unter ihren Mitgliedern zu fördern. Wie aber können Schüler miteinander kommunizieren, wenn sie nur den Rücken des oder der anderen sehen? Kann man mit der Rückseite eines Menschen effektiv kommunizieren? Mimik und Gestik werden weitgehend ausgeblendet. Das trifft auch auf den anderen Gesprächspartner zu. Hinzu kommt, dass es Schülern zuweilen untersagt wird, sich umzudrehen. Also auch das normale Bedürfnis nach zumindest begrenzter Teilhabe an der „Kommunikation" wird noch unterbunden. In diesem Fall wird die viel beschworene Vorbereitung auf das Leben wohl ad absurdum geführt!

Ein Weiteres kommt hinzu: Im Grunde bleibt der Lehrer für die Schüler der einzige eindeutig wahrnehmbare Ansprechpartner. Damit könnte bei den Schülern eine Fixierung nach „oben" eingeleitet und verfestigt werden, die kaum wünschenswert ist. Es liegt an jedem Berufsanfänger selbst, für sich zu entscheiden, ob er mit der vorgegebenen Sitzordnung leben kann oder ob er Veränderungen anstreben möchte.

Wahrscheinlich wird es günstig sein, sich zunächst mit anderen Kollegen auszutauschen und einmal über Vor- und Nachteile einer bestimmten Sitzordnung zu reden. Häufig sind mehr Kollegen an der Schule mit einer solchen Ordnung unzufrieden, als anzunehmen war. Ein Anstoß genügt dann manchmal schon, um etwas zu verändern. Die Schüler sollten allerdings einbezogen werden.

Die **Raumgestaltung** ist auch so ein ganz besonderes Lernfeld für Schüler, mit dem ein junger Lehrer konfrontiert wird: Er betritt den Raum. Die Tafel ist verschmiert, die Poster an den Wänden hängen schief und sind eingerissen, der Papierkorb quillt über, ein paar kümmerliche Grünpflanzen sterben langsam vor sich hin usw.

Die Schüler, die sich häufig in einem solchen Raum aufhalten, haben Abwehrmechanismen entwickelt und nehmen das alles gar nicht mehr richtig wahr. Noch schlimmer: Es stört sie nicht! Bisher unterrichtende Kollegen haben aufgegeben und beschränken sich auf die notwendigsten Eingriffe. Einer von ihnen ist vielleicht froh, zwei oder drei Schüler gefunden zu haben, die im Wechsel die Tafel wischen, und einen, der hin und wieder die Pflanzen gießt. Aber: Es sind stets dieselben Schüler! Andere lassen sich nicht finden.

Was lernen die Schüler daraus? Ein paar „Ausbeutbare" wird es immer geben. Auf deren Kosten lässt es sich leben.

Für wie viele mag damit eine Lebensmaxime verbunden sein, die auf diese Weise allmählich Gestalt annimmt?

Zum Glück sind solche Beispiele in der Minderzahl. Aber es gibt sie, und ihre Wirkung als heimlicher Lehrplan ist unverkennbar. Hier tolerant zu sein sollte sich ein junger Lehrer nicht gestatten. Neben Beispielen dieser Art gibt es allerdings viele andere, positive Beispiele.

In einer zweckvollen, ästhetischen Ansprüchen genügenden Raumgestaltung sollten junge Lehrer im Übrigen ein wichtiges Betätigungsfeld sehen. Und zwar gemeinsam mit den Schülern. Eine solche Arbeit am Raum ist ein gutes Mittel, mit den Schülern ins Gespräch zu kommen, sich am gewonnenen Ergebnis gemeinsam zu erfreuen und es immer weiter zu vervollkommnen.

Zum heimlichen Lehrplan gehört auch all das, was mit dem **Melden** und **„Drankommen"** im Unterricht zu tun hat. Manche Schüler beherrschen es vorzüglich, sich gleich zu Unterrichtsbeginn zu melden, um im weiteren Verlauf des Unterrichts unbehelligt zu bleiben. Oder sie melden sich dann, wenn viele sich melden, ohne dass sie wirklich Antworten auf Fragen und Probleme hätten. Da ihre Chance groß ist, überhaupt nicht aufgerufen zu werden, riskieren sie dabei nichts.

Ein verwerfliches Verhalten? Vielleicht! Wohl eher nur ein erlerntes. Schule verleitet dazu.

Erfahrene Kollegen durchschauen dieses Verhalten, bei Berufsanfängern braucht es Zeit dafür.

Viel häufiger noch tritt die Situation ein, dass sich die Schüler kaum am Unterricht beteiligen, dass sich wenige melden und dies meist dieselben Schüler sind. Sie kommen zu Wort – im Übrigen gleichermaßen von erfahrenen Kollegen wie von Berufsanfängern als Rettungsanker genutzt –, die anderen bleiben stumm oder beschäftigen sich anderweitig. Auf diese Weise kann es geschehen, dass einige Schüler an einem Tag, während einer ganzen Woche und länger kein einziges Wort im Unterricht sagen. Der Lerneffekt ist dennoch ziemlich groß. Sie lernen: Irgendwie kommt man schon durch. Aber leider lernen manche von ihnen auch, wie unwichtig sie in der Schule, **ihrer** Institution, sind und dass sie im Grunde dort gar nicht so recht gebraucht werden. HARTMUT VON HENTIG hat gerade diese Bobachtung, dass die Schule junge Menschen eigentlich gar nicht braucht, mehrfach ins Bewusstsein gerückt (HARTMUT VON HENTIG 1993).

Ein Berufsanfänger, der mit den unterschiedlichen „Meldesyndromen" von Schülern konfrontiert wird, sollte sich in seinem eigenen Interesse vor allem davor bewahren, nur mit wenigen Schülern zu arbeiten. Er könnte gerade deshalb sehr schnell die Sympathie der Klasse verlieren (siehe dazu das Kapitel über Fehler).

Das **Antwortverhalten** der Schüler ist ebenfalls wichtiger Bestandteil des heimlichen Lehrplans. FROMM weist in einer Zusammenfassung mehrerer Untersuchungsergebnisse darauf hin, dass die Schüler in ihrer Schulzeit durchaus lernen, bei Bedarf, „die ,richtigen' Antworten zu produzieren" (FROMM 1986, S. 526), also die Antworten, die der Lehrer vermutlich hören will. Sie bedienen sich dabei auch des Begriffssystems, das dieser für angemessen hält.

Und schließlich sei noch besonders auf das **Sozialverhalten** verwiesen, das als exzellentes Übungs- und Betätigungsfeld des heimlichen Lehrplans gilt. ZINNECKER spricht davon, dass ein „Grundkurs" in den sozialen Regeln und Routinen dessen „goldene Mitte" darstellt: „Ihn haben sich Lehrer wie Schüler anzueignen, wenn sie ohne großen Schaden zu nehmen ihren Weg durch die Schule machen wollen" (ZINNECKER 1975, S. 29).

Analysieren, Ordnen, Handeln

Wenn ein junger Lehrer in der Tat noch nie etwas vom heimlichen Lehrplan gehört hat, sollte er zunächst versuchen, sich mit der Problematik näher vertraut zu machen. Auf dieser Grundlage kann er für sich selbst ein Modell zu den besonderen Auffälligkeiten an seiner Schule, bei seinen Schülern, entwickeln. Erste Vorstellungen darüber, was besonders zu beachten ist, würden sich anschließen. Auch hier gilt: Nicht immer sind sofort Maßnahmen zu ergreifen. Oft ist es angebracht, längere Zeit zu beobachten, nachzudenken und sich gegebenenfalls auch mit Kollegen auszutauschen, die schon länger an der Schule sind. Eine konkrete Analyse der eigenen Situation, ein offener Blick auf die Dinge können helfen, die gesamte Problematik besser zu erfassen und sie nicht rein praktizistisch zu sehen. Was könnte in diesem Sinne hilfreich sein?

- Problemgewichtung vornehmen
Vor Jahren hat HENTIG den Satz geprägt, dass die Lebensprobleme der Schüler ihre Lernprobleme überwuchern. Dieser Satz fehlt seither in nahezu keiner Publikation, die sich mit Schule, Unterricht und Schülern befasst. Ob tiefer darüber nachgedacht wird, ist eine andere Frage. Auf jeden Fall lässt die Tatsache der vielen schwierigen Probleme, die Schüler heute oft zu bewältigen haben, die Problematik des heimlichen Lehrplans in noch grellerem Licht erscheinen, als es bisher vielleicht der Fall gewesen ist: Außerhalb von Schule und Unterricht erworbene Strategien, soziale Verhaltensweisen, Ängste können überhaupt nicht mehr vor der Schultür gleichsam abgegeben werden, sie werden mitgenommen, verstärken sich zum Teil in der Institution Schule. Selten werden sie abgebaut. Es entsteht ein besonderer Kreislauf, in den sich Lehrplan und heimlicher Lehrplan einfügen. Hier können junge Lehrer den Vorteil, der Denk- und Erfahrungswelt der Schüler noch recht nahe zu sein, konstruktiv nutzen. Alle Lehrer haben Verantwortung. Aber junge Lehrer haben infolge ihrer mentalen Nähe zu den Schülern vielleicht eine besondere Verantwortung. Sie sollten von ihrem Wissen auch selbstlos an ältere Kollegen weitergeben – so es gewünscht wird und taktvoll möglich ist. Junge Kollegen brauchen ja auch zuweilen Hilfe und Unterstützung von ihren erfahrenen Kollegen.

- Den offiziellen Lehrplan nicht überschätzen
Wenn vor dem Überschätzen gewarnt wird, dann schließt das selbstverständlich auch die Warnung vor einem Unterschätzen ein, wobei auf Funktionen von Lehrplänen schon eingegangen wurde. Die angeführte Äußerung einer Lehrerin allerdings, dass für sie nichts außer dem offiziellen Lehrplan zähle, beruht vielleicht auf dem Wunsch nach Arbeitsleichterung, aber leider ist es nicht möglich, sein pädagogisches Denken so eindimensional auszurichten. Ich versuchte, das zu verdeutlichen. Bei jungen Lehrern ist es verständlich, wenn sie den Lehr- oder Rahmenplan stärker zu Rate ziehen als ältere und erfahrene Kollegen. Ein Halt wird gebraucht. Aber den Schul- und Unterrichtsproblemen entgeht niemand durch alleinige Konzentration auf den Lehrplan.

- Spurensuche vornehmen
Es ist gut, Aufmerksamkeit und Zeit für die „Wahrnehmung" des heimlichen Lehrplans vorzusehen und sich keinesfalls davor zu verschließen. Versuchen Sie das, was an der Schule als Institution und im Unterricht wirkt, nicht als Belastung zu empfinden. Sie haben es mit Realitäten zu tun. Und in sol-

chen Fällen gewinnt man immer, wenn man sich zu genauer Beobachtung und Analyse durchringt und versucht, dann in produktivem Sinne mit den Dingen umzugehen.

Wie mit dem heimlichen Lehrplan umgehen?

An **Grundqualifikationen** empfiehlt es sich, vor allem die folgenden zu erwerben:

❶ Sich mit dem Vorhandensein eines heimlichen Lehrplans vertraut zu machen

❷ Selbst nach seinen Spuren und möglichen Wirkungen an der Schule, im Unterricht und bei den Schülern zu suchen

❸ Sich mit Dingen, die nicht veränderbar sind, abzufinden, sie als Größe in der pädagogischen Arbeit einzukalkulieren und genau zu überlegen, wo Veränderungen unbedingt erforderlich sein könnten

Aufbauqualifikationen

Versuchen Sie einmal, eine Woche lang möglichst viele „Ablenkungsmanöver" Ihrer Schüler vom Unterricht zu erfassen und einfach in Ruhe darüber nachzudenken.

Kür

Lassen Sie Ihre eigene Schulzeit Revue passieren und versuchen Sie, sich an Ihre eigenen Techniken und Routinen zum Ablenken vom Unterricht zu erinnern (oder an die Ihrer Klasse).

Abschließend wiederum einige Sätze zum **Nachdenken.** Ich fand sie bei HILBERT MEYER:

> „… es gibt keine völlige Determination der Unterrichtsarbeit durch die schulischen Rahmenbedingungen, ebenso wenig wie es eine völlige Verfügungsgewalt des Lehrers und der Schüler über die methodische Gestaltung des Unterrichtsprozesses gibt. Nicht nur die Unterrichtsmethode ist in sich widersprüchlich – auch der institutionelle Rahmen ist durch widersprüchliche Tendenzen gekennzeichnet, aufgrund derer Handlungsspielräume offen bleiben: Die Schule ist dazu da, Unordnung durch Ordnung, anarchische Lebendigkeit durch planmäßige Rationalität zu ersetzen. Aber sie kann dies nur dann erfolgreich tun, wenn sie die Anarchie und Lebendigkeit außerschulischer Lebens- und Lernprozesse ein Stück weit in sich aufnimmt."
>
> (MEYER, HILBERT 1987, S. 67 f.)

Literatur

FROMM, MARTIN: Heimlicher Lehrplan. In: Enzyklopädie Erziehungswissenschaft, Band 3. Stuttgart 1986

HENTIG, HARTMUT VON: Die Schule neu denken. Eine Übung in praktischer Vernunft. München, Wien 1993

MEYER, HILBERT: Unterrichtsmethoden. I: Theorieband. Frankfurt am Main 1999, 8. Auflage

ZINNECKER, JÜRGEN (Hrsg.): Der heimliche Lehrplan. Weinheim und Basel 1975

10. Der Hang zur Vollkommenheit bei pädagogischen Anfängern
   Unvollkommen – und dennoch gut sein?

▶ Junge Lehrer möchten gern vollkommen sein. Gelingt das nicht, wird das eigene Engagement oft grenzenlos erhöht. Die Auswirkungen sind selten positiv.
Sich einen Überblick über Erscheinungsformen von Über-Engagement zu verschaffen kann hilfreich sein. Sich damit persönlich auseinander zu setzen auch: Entwickeln Sie ein Programm kleiner und mittlerer Schritte und verhindern Sie damit zugleich einen möglichen „Jo-Jo-Effekt". ◀

Selbstausbeutung bis zur Selbstaufgabe – macht das Sinn?

Nur wenige Berufsanfänger verfügen über die notwendige Gelassenheit, um den täglichen Unterricht problemlos zu überstehen. „Probeläufe" haben zwar alle schon hinter sich gebracht, mit wechselndem Erfolg. Doch jetzt ist die Situation eine völlig andere. Darauf wurde schon mehrfach Bezug genommen: Im Wesentlichen ist jeder vor der Klasse auf sich allein gestellt: Stunde um Stunde, Tag für Tag. Was er wie bewältigt, worauf er sich einlässt, ist sein Problem und zugleich das Problem seiner Schüler, oder noch deutlicher: Es wird in vielen Fällen durch die Schüler ausgelöst.

Die meisten Berufsanfänger möchten „gut" sein. Das ist nicht nur ein menschliches Bedürfnis schlechthin, sondern hängt gerade bei Lehrern auch mit dem Vermeiden von Demütigungen durch Schüler zusammen. Es ist schwer, manche Verhaltensweisen von Schülern nicht allzu hoch zu gewichten. Auch Mobbing oder Ähnliches unter Erwachsenen sind schwer zu verkraften. Und Mobbing nimmt gegenwärtig, sofern man den Medien Glauben schenken darf, immer mehr zu. Wenn jedoch wesentlich jüngere und statusmäßig nicht gleichgestellte Personen das Selbstverständnis eines Menschen in Frage stellen, dann ist das besonders schwer abzuwehren. Insofern sind Beziehungen zwischen Lehrern und Schülern schon etwas Besonderes. Wenn die Schüler zeigen, dass sie ihren Lehrer im Grunde nicht für kompetent halten, dann bedarf es großer Anstrengungen, sich davon nicht beeindrucken zu lassen. *Das vor allem dann, wenn man selbst der Auffassung ist, dass die Schüler im Unrecht sind.*

Eine verbreitete Reaktion junger Lehrer, um weitere mögliche Demütigungen von vornherein auszuschließen, ist in solchen Fällen vielfach, das eigene Engagement grenzenlos zu erhöhen. Im Übrigen ein Phänomen, das in seinen Erscheinungsformen, in vielen seiner Folgen, aber auch mit möglichen Auswegen sehr eindrucksvoll von Cherniss (1999) beschrieben wird:

Das Arbeitspensum wird erhöht, die Eigenzeit reduziert, die Grenzen des Machbaren werden in unvertretbarer Weise verschoben. Allen will man es recht machen, will möglichst nicht anecken, alles, was man tut, soll richtig sein usw.

Auf den ersten Blick ist es vielleicht ein ehrenwertes Vorhaben, Niederlagen und Demütigungen durch Hochleistung wettzumachen. Aber es macht auf Dauer keinen Sinn. Rücksichtslose Selbstausbeutung führt zum Verlust an Substanz. Es ist nicht mehr möglich, einen gewissen Abstand zu den Dingen und Erscheinungen zu finden. Kritisches und selbstkritisches Nachdenken entfällt. Die eigene Handlungsunfähigkeit wird gleichsam sukzessiv vorbereitet oder sogar schon eingeleitet.

Ein Horrorszenario?

10. Der Hang zur Vollkommenheit

Im Grunde schon. Es ist aber nicht unausweichlich, ihm zu folgen. Abgesehen davon, dass nicht jeder Berufsanfänger in eine solche Lage geraten muss, kann man sich durchaus vor vollständiger Verausgabung schützen. Fragen Sie sich einfach, ob Sie Ihren Dienst nach zwei bis drei Jahren quittieren, Ihre Träume und pädagogischen Ideen begraben wollen. Wenn Sie sich einen Berufswechsel als große Erlösung vorstellen könnten, dann gehen Sie auf die Suche nach etwas anderem. Wenn Sie aber das Temporäre und damit auch das Ende Ihrer aktuellen Situation zu erkennen vermögen, dann sollten Sie Ihre Lage aktiv verändern, aber wiederum Geduld mit sich selbst haben. Sie selbst und die, mit denen Sie zu tun haben, sind keine Maschinen. Sie können nicht einfach auf einen Knopf drücken und eine sofortige Veränderung in der gewünschten Richtung erzielen.

Einige Beispiele und Erscheinungsformen des Hangs zur Vollkommenheit

Vielleicht stelle ich erst noch einmal fest: Es ist richtig und wichtig, große Ziele zu haben und nicht nur vor sich hin zu arbeiten aus Angst, man könne etwas falsch machen. Träume, genaue Vorstellungen braucht ein junger Lehrer. Wahrscheinlich ist es ansonsten gar nicht möglich, diesen schwierigen Beruf auszuüben, sich stets erneut zu motivieren und auch eine gewisse Frustrationstoleranz zu entwickeln. Das Bedürfnis nach hohen Zielen ist aber nur dann von Wert, wenn es mit dem Wissen gepaart ist, dass sich solche Ziele immer nur in Etappen erreichen lassen und auch viele Nebenstrecken und Haltepunkte passiert werden müssen. Dann an seinem großen Ziel festzuhalten, es vielleicht nur etwas zu relativieren, den realen Gegebenheiten und Entwicklungen anzupassen – das ist wirkliche Größe.

Betrachten wir einige Beispiele und Erscheinungsformen des Hangs zur Vollkommenheit. Sie sollen gewürdigt, aber auch in ihrer Begrenzung gezeigt werden.

❶ An **erster** Stelle ist hier zweifellos der Hang zu nennen, sich bereits als **Vollprofi** zu sehen. Ein normales Bedürfnis nach einem langen Studium und einer weiteren Ausbildungsphase im Referendariat! Hinderlich ist es aber dann, wenn von den Schülern erwartet wird, dass sie diesen selbst verliehenen Vollprofi-Status ebenso uneingeschränkt akzeptieren. Schüler lernen pro Schuljahr im Durchschnitt vielleicht zwei bis fünf neue Lehrer kennen. Sie lernen die Lehrer, von denen sie unterrichtet werden, miteinander zu vergleichen. Und sie tun das nicht nur Tag für Tag, sondern Jahr um Jahr.

Vielleicht ist Schule für Schüler zu einem guten Teil Lernen, Beobachten und Vergleichen. Eigentlich sind die Schüler die Profis – wenn auch auf andere Weise, als ein junger Lehrer das vielleicht erwartet. Es ist seltsam, dass sich Berufsanfänger, die ja noch nicht so weit von ihrer eigenen Schulzeit entfernt sind, häufig kaum noch an ihr eigenes Handeln und Verhalten als Schüler erinnern. Vergleichen gehört in der Tat zum Schüleralltag. Insofern bemerken diese „Vergleichsprofis" sehr rasch, was man als Lehrer kann oder nicht kann. Andererseits haben Schüler ebenso häufig ein großes Verständnis dafür, dass Berufseinsteiger in der Tat noch keine Vollprofis sein können. Sie verübeln das kaum.

Wahrscheinlich klaffen gerade auf diesem Gebiet Schülererwartungen und Ansprüche junger Lehrer an sich selbst sehr weit auseinander. Es ist durchaus kein Unglück, den Schülern zu sagen, dass man in mancher Beziehung noch ein Anfänger ist. Man sollte aber auch keinen Zweifel daran lassen, dass dies nicht bedeutet, die Schüler hätten es mit einem Laien zu tun. Nur: Ein junger Lehrer muss viele Erfahrungen noch sammeln, noch manches ausprobieren, und gerade das kann den Schülern als etwas Besonderes, als ein Vorteil vermittelt werden. Sie lassen sich sogar zu Verbündeten machen. Und so vorzugehen ist auf jeden Fall besser als zu versuchen, den Schülern – aus Furcht, aus Angst, aus welchen Gründen auch immer – ein falsches Bild von sich selbst vorzuspiegeln. Hierbei verliert man immer. Allerdings ist es auch wenig hilfreich, die Schüler unablässig zu fragen, ob dieses oder jenes Vorgehen in Ordnung gewesen ist.

❷ An **zweiter** Stelle sei der Hang genannt, **keine Fehler** machen zu wollen oder sie zumindest nicht zuzugeben. Alles richtig machen zu wollen ist mit der bereits genannten Selbstausbeutung engstens verbunden.

Auch das Bedürfnis, Fehler auszuschließen, ist zunächst hoch anzuerkennen. Nur: Es ist kaum zu realisieren. Andererseits ist es ja bekanntlich möglich, aus Fehlern etwas zu lernen. Letzteres sollte man allerdings nicht überziehen: Es gibt Fehler, die es einem selbst schwer machen, daraus zu lernen – und anderen auch (mehr dazu im nächsten Kapitel).

Das Eingeständnis von Fehlern vor anderen ist der schwierigste Teil der Problematik. Weitaus unkomplizierter ist das Eingeständnis von Fehlern vor sich selbst. Es ist eigentlich fester Bestandteil der Reflexion über den eigenen Unterricht und über das eigene Verhalten vor der Klasse. Wenn das zum persönlichen Programm geworden ist, dürfte eine Fehleranalyse nicht allzu schwer fallen. Man kann sich auch dazu erziehen. Wozu es dabei allerdings nicht kommen darf, ist die eigene „Zerfleischung". Sachlichkeit im Umgang mit den eigenen Fehlern ist erlernbar. Ein Gespräch mit Kollegen kann hierbei oft Wunder wirken. Schwieriger scheint es zu sein, mit der Klasse, den

Schülern über Fehler zu sprechen. Jedes winzige Problem sollte man auch nicht erörtern, sondern vielmehr auswählen unter Gesichtspunkten wie:
– Was muss ich klären, um meine eigene Stellung in der Klasse nicht zu untergraben?
– Was muss ich tun, um den Fortgang des Unterrichts auf erträgliche Weise zu sichern?
– Was muss ich klären, um in einem Schüler nicht ein Gefühl der Kränkung oder der Missachtung seiner Person keimen und wachsen zu lassen?

Aber wichtig kann auch sein, die Fronten zu klären, der Klasse zu sagen: Ich habe gestern nicht ganz richtig reagiert, bin laut geworden und habe einige zu Unrecht beschuldigt. Aber: Die Situation war so schrecklich, dass ich sie nicht noch einmal erleben möchte. Ich erwarte in einem ähnlichen Fall die Unterstützung des Klassenrates, werde die Eltern unterrichten usw.

Besonders kompliziert ist es, als junger Lehrer vor den Eltern einen Fehler einzugestehen – zum Beispiel eine Elternversammlung dafür zu nutzen. Dennoch ist auch hier davon auszugehen, dass in der Regel die Mehrzahl der Eltern ein gewisses Interesse am Lernen ihrer Kinder hat. Insofern sind solche Eltern auch daran interessiert, dass der Lehrer nicht unbedingt von anderen Eltern niedergemacht wird. Sie werden ein sachliches Gespräch immer unterstützen. Dieser Grundtenor der Sachlichkeit hängt allerdings weitgehend vom Lehrer ab. Insofern muss eine Elternversammlung, in der man sich selbst quasi zur Diskussion stellt, nicht nur gut, sondern hervorragend vorbereitet und mit großer Beherrschung geführt werden. Manchmal weit über den konkreten Anlass hinausgehende „Elternbeschimpfungen" müssen dabei ein unbedingtes Tabu sein.

❸ Zum **Dritten** sei angemerkt, dass oft die **Schuld bei einem anderen** gesucht wird, wenn der eigene Anspruch nicht realisiert werden kann.

In den Schülern die Hauptschuldigen zu sehen liegt dabei sehr nahe. Schon Studenten, die mit großer Neugier und Aufgeschlossenheit ein Lehramtsstudium beginnen, sagen häufig bereits nach einem Tag, den sie an einer Schule hospitiert haben: „Die Schüler sind alle verhaltensgestört. Die Lehrerin konnte ja gar keinen ordentlichen Unterricht machen."

Solche kaum zu begründenden und oberflächlichen Einschätzungen können sich nach den ersten eigenen Unterrichtsversuchen fortsetzen – sofern diese nicht zur Zufriedenheit verlaufen sind. „Die Schuld bei andern zu suchen macht den eigenen Mißerfolg tolerierbar" (CHERNISS 1999, S. 63).

Auch in den ersten Berufsjahren neigen nicht wenige Lehrer dazu, in den Schülern die Verantwortlichen für das Misslingen perfekter Konzepte und schöner Vorstellungen zu sehen. Die schwierigen und auffälligen Schüler spielen dabei nach wie vor eine große Rolle. Jetzt allerdings ist das Wissen über sie in der Regel begründeter und tiefer, wenn auch für den Berufsanfänger wohl kaum schon ausreichend. Die Probleme sind eben sehr differenziert. Ohne genaue Kenntnis der jeweiligen Auffälligkeit und der Möglichkeiten, aus psychologischer und pädagogischer Sicht mit ihr im Interesse des Schülers umzugehen, wird man wenig ausrichten können. Gerade auf diesem Gebiet ist eine umfassende und solide Literaturkenntnis erforderlich. Deshalb empfiehlt sich hier, möglichst eine Art Leseprogramm für sich selbst zu entwickeln. Sie sollten es sich über einen längeren Zeitraum vornehmen – auch nach Ihren besonderen Wahrnehmungen und Interessen gestaffelt. Und nach Ihrem persönlichen Hilfebedürfnis!

Für schnelle Hilfe lässt sich immer eine brauchbare Anregung in der Standardliteratur finden. Auch ein Gespräch mit Kollegen kann nützlich sein. Die eigene Vollkommenheit zu sichern und zu verteidigen ist allerdings nie eine Frage, die sich auf Kosten der Schüler regeln lässt. Ich erinnere erneut an LEUCHTENBERGER: Der Lehrer ist für die Schüler da.

Insofern bleibt kein anderer Weg, als sich die innere Welt der Schüler vorzunehmen. Auch das gehört zur Vollkommenheit, besser: zur eigenen Vervollkommnung. Andere „Schuldige" werden häufig in den Eltern gesehen, die sich nicht genügend um ihre Kinder kümmern. Selbst wenn das in bestimmten Fällen durchaus zutreffen kann, ist es wenig hilfreich, ein solches Denken zu nähren. Besser ist auf jeden Fall, das Gespräch mit den betreffenden Eltern zu suchen. Wenn es gelingt, konkrete Probleme in den Mittelpunkt solcher Gespräche zu rücken und sie mit dem nötigen Takt zu führen, ist in der Regel mit einer gewissen Aufgeschlossenheit zu rechnen. Zuweilen sind Eltern sogar froh über ein für sie entlastendes Gespräch.

Aber auf einen Misserfolg muss man auch eingestellt sein.

Jeder hat das Recht auf einen Irrtum

Dürfen sich Lehrer irren? Ich beschränke mich hier auf das, was an den Unterrichtsstoff gebunden ist.

In der Geschichte der Schule wurde Lehrern nicht immer ein solches Zugeständnis gemacht. Was ein Lehrer sagte, hatte richtig zu sein oder wurde als richtig deklariert. Von der Gesellschaft überhaupt, häufig auch von Eltern (zu ihrem eigenen Schutz) oder auch von den Schülern. Manche Schulanfänger zum Beispiel sehen bis heute im Lehrer eine unfehlbare Person, die nicht selten den Eltern entgegengehalten wird. Zum anderen war es so, dass Lehrer häufig selbst daran interessiert waren, sich mit einem Nimbus der Unfehlbarkeit zu umgeben. Das war auch eine Form von Selbstschutz. Manches hält sich leider bis heute, obwohl Irrtümer keineswegs noch generell mit einem Verdikt belegt werden. Generell! Im Einzelnen oder von Fall zu Fall wohl schon. Und auch junge Lehrer dürfen sich irren! Das beeinträchtigt ihr Ansehen bei den Schülern ziemlich wenig. Allerdings: Irrtum um Irrtum dürfen sich nicht aneinander reihen. Aus einer Fülle von Irrtümern wird schlussendlich kein guter Unterricht – nicht mal ein mittelmäßiger. Eine ständige Selbstkontrolle ist schon erforderlich. An einer Irrtumshäufung hat ja auch ein junger Lehrer selbst kein elementares Interesse.

Schwieriger ist allerdings die Frage des Umgangs damit. In der Regel handelt es sich um ein Problem der Kommunikation mit den Schülern. Hat man in einer Klasse schon etwas Boden unter den Füßen, dann lässt sich zum Beispiel mit Humor vieles bewerkstelligen. Die Schüler sind im Übrigen dankbar dafür, da die meisten von ihnen ohnehin der Meinung sind, die Schule sei eine viel zu humorlose Institution (PÄDAGOGIK 9/2001). Den Schülern kann man auch sagen, dass man nochmals zu einem Sachverhalt nachgelesen hat und die eigenen Aussagen richtig stellen möchte. Dies kann man mit einer Mitteilung an die Schüler verbinden, dass man dabei auf viele weitere Entdeckungen gestoßen ist, von denen man bisher gar nicht so viele gewusst hat! Und dann kann man gleich die Schüler an diesen Entdeckungen teilhaben lassen.

Falls man unmittelbar durch die Schüler selbst auf einen Irrtum aufmerksam gemacht wurde, sollte man den Schülern unbedingt danken. Aber nicht mit einem ironischen Unterton – ich habe das leider manchmal schon erlebt. Dann kann man sich das Danken auch ersparen.

Ansonsten gehört es zu den Aufgaben von Schule und Unterricht, die Kritikfähigkeit von Schülern, ihre Fähigkeit, mehrere Lösungsvorschläge vorzubringen, ihre oft beträchtliche Sachkompetenz zu entwickeln und nicht durch den eigenen Alleinvertretungsanspruch zu unterdrücken.

Auf keinen Fall aber sind Irrtümer eines jungen Lehrers Veranlassung, sich in Sack und Asche zu werfen und an sich selbst grundlegend zu zweifeln.

Nicht vollkommen und dennoch gut sein – was gehört dazu?

CHERNISS verweist darauf, dass junge Lehrer, wenn sie die Grenzen ihres eigenen Handelns spüren, dazu neigen, sich moderatere Ziele zu stellen, da ihnen das erleichtert, sich kompetent zu fühlen (vgl. CHERNISS 1999, S. 58). Wahrscheinlich ist das zeitweise in der Tat notwendig. Der eigene Anspruch sollte aber nicht auf Dauer gebremst werden.

Vollkommen zu sein – das ist ausschließlich ein Annäherungsproblem. Wenn das erkannt wird, lassen sich die Fortschritte, die man erreichen möchte, dosieren, und die Misserfolge häufen sich nicht. Nehmen wir als Beleg ein völlig außerpädagogisches Beispiel: Diäten und den Wunsch abzunehmen! Eine weit verbreitete Abmagerungshysterie führt bei vielen Menschen dazu, möglichst rasch und möglichst viel abnehmen zu wollen. Der Jo-Jo-Effekt ist bekannt. Nimmt man sich hingegen kleine Schritte vor und gesteht sich die nötige Zeit zu, kann man viele Erfolge feiern. Zugegeben: Sie sind nicht so spektakulär, oft nur minimal, aber dauerhaft!

Zu wissen, dass man als junger Lehrer gar nicht vollkommen sein kann, ist sehr wichtig. Ebenso wichtig aber ist zu wissen, dass man deshalb weder ein schlechter Lehrer ist, noch Schülern, Eltern, Kollegen Vollkommenheit vorspielen muss. Die Schüler bemerken es ohnehin bald und sind im Normalfall gar nicht irritiert durch Unvollkommenheit, und die anderen wissen, dass Anfänger eben Anfänger sind. Also warum die ganze Aufregung? Es wäre besser, die Kraft darauf zu richten, ein persönliches Programm kleinerer und mittlerer Schritte auf dem Weg zu eigener Vervollkommnung zu entwickeln.

Welche **Grundqualifikationen** können helfen, den Weg zur eigenen Vervollkommnung erfolgreich(er) zu beschreiten:

❶ Verlieren Sie nie Ihr Ziel aus dem Blick, ein guter, ein möglichst vollkommener Lehrer zu werden (so Sie sich das wirklich vorgenommen haben. Ich kann es Ihnen nicht einreden). Aber seien Sie Realist. Überprüfen Sie Ihr Ziel ständig an den Realitäten, mit denen Sie es zu tun haben.

❷ Sie müssen Ihr Ziel nicht unbedingt relativieren, aber begreifen Sie sich selbst als jemanden, der sich diesem Ziel immer nur annähern kann.

❸ Entwickeln Sie für sich selbst ein Programm der kleinen und mittleren Schritte der Annäherung.

Aufbauqualifikationen

Belohnen Sie sich, wenn Sie wieder etwas geschafft haben.

Kür

Unterhalten Sie sich mit anderen über Fehler und Irrtümer in ihrem beruflichen Leben und über den Umgang mit ihnen.

Zum **Nachdenken** habe ich diesmal einen Text von Ewald Terhart für Sie ausgewählt:

> „Die komplexe, inner- und außerunterrichtliche Arbeitsplatzstruktur des Lehrerberufs macht es erforderlich, daß Berufsanfänger entsprechend dem Verlauf ihrer Kompetenzentwicklung schrittweise und gezielt mit bestimmten Anforderungen bzw. Segmenten der komplexen Anforderungsstruktur der Lehrerarbeit konfrontiert werden. Dies trägt zur Vollständigkeit der Erfahrung des Einzelnen innerhalb der komplexen Anforderungen bei; andererseits wird bei einer sorgfältigen Beobachtung zugleich deutlich, wo besondere Stärken, aber auch besondere Entwicklungsnotwendigkeiten des einzelnen Berufsanfängers liegen."
> (Terhart 2000, S. 130)

Literatur

Cherniss, Cary: Jenseits von Burn-Out und Praxisschock. Hilfen für Menschen in lehrenden, helfenden und beratenden Berufen. Weinheim und Basel 1999

Ehrensaft, Diane: Wenn Eltern zu sehr ... Warum Kinder alles bekommen, aber nicht das, was sie wirklich brauchen. Stuttgart 2000

Fromm, Martin: Die Sicht der Schüler in der Pädagogik. Weinheim 1987

Hensel, Horst: Die neuen Kinder und die Erosion der alten Schule. Ein Essay zur inneren Schulreform. Lichtenau; München 1995, 7. Auflage

Humor. Themenschwerpunkt. Pädagogik 53/2001/9. Weinheim

Terhart, Ewald (Hrsg.): Perspektiven der Lehrerbildung in Deutschland. Abschlussbericht der von der Kultusministerkonferenz eingesetzten Kommission. Weinheim und Basel 2000

11. Es gibt sie leider auch: die richtig dummen Fehler ... Ein Versuch ihrer Verortung

▶ *Fehler lassen sich kaum vermeiden, die schwerwiegenden und dummen Fehler aber sollte man umgehen.*
Sie werden in vier Gruppen geordnet und beschrieben.
Es gibt Anregungen für die Hilfe zur Selbsthilfe, aber auch Anregungen für die Hilfe durch andere. ◀

133

Fehler aus unterschiedlicher Perspektive

Bei der Arbeit an diesem Buch habe ich etliche Gespräche geführt: mit jungen Lehrern, mit erfahrenen Lehrern, mit Schulleitern, mit Schülern. Besonders aufschlussreich schienen mir Gespräche mit und Befragungen von Studenten zu sein, die sich für das Lehramt entschieden, die Schule erst unlängst verlassen hatten und im ersten Semester an der Universität studierten. Ihre Perspektive auf junge Lehrer könnte deshalb interessant sein – so nahm ich an –, weil sie zum Ersten die Haut von Schülern noch nicht so recht abgestreift hatten, dennoch zum Zweiten bereits begonnen hatten, mit einem gewissen Abstand auf Lehrer zu schauen, also auf diejenigen Menschen, für deren Beruf sie sich entschieden hatten. Sie schienen mir möglicherweise auf zweifache Art kritisch zu sein: als Ehemalige gegenüber ihren eigenen Lehrern, als Zukünftige, für die ihre eigenen Lehrer undiskutabel sein würden (oder auch als Leitbilder fungieren könnten – das aber erfragte ich in diesem Zusammenhang nicht).

Die „Zukünftigen" machten auf folgende schwerwiegenden Fehler junger Lehrer aufmerksam:

- die Beherrschung vor der Klasse verlieren
- nicht mit dem Können von Schülern rechnen
- mit guten Noten Beliebtheit bei den Schülern erkaufen
- ungerecht sein
- eine zu starke emotionale Bindung zu einzelnen Schülern aufbauen
- sich zu autoritär verhalten, um keine Aufmüpfigkeit der Schüler aufkommen zu lassen
- nur einen methodischen Weg im Unterricht favorisieren
- andere Kollegen in Misskredit bringen

Während ich diese Fehler als sehr gravierend einschätzen möchte, würde ich andere, die ebenfalls noch genannt wurden, auch von älteren und erfahrenen Kollegen sowie von Schulleitern, als „normale" Fehler am Berufsanfang einordnen.

Was hoben diese Gruppen hervor?

Junge Lehrer selbst nannten weiterhin Probleme hinsichtlich des Umgangs mit Lehr- und Rahmenplänen und hinsichtlich der Maßstäbe für die Bewertung und Benotung von Leistungen der Schüler. Ältere und erfahrene Kollegen wiederum sahen Hauptprobleme in der Bemessung des Stoffes für eine unterrichtliche Einheit, in der Bestimmung des Anforderungsniveaus der Schüler und bei der Arbeit mit Eltern. Hinsichtlich des Umgangs mit dem Lehr- oder Rahmenplan trafen sich die Meinungen junger und erfahrener Kollegen. Schulleiter hoben zusätzlich noch Probleme mit der Schulorganisation und mit Schulrechtsfragen hervor.

Da steh ich nun, ich armer Tor?

Betrachtet man alles, was im ersten Abschnitt dieses Kapitels geschrieben wurde, etwas genauer, so fällt eine erstaunliche Übereinstimmung mit den bereits in anderen Zusammenhängen thematisierten Problemen auf. Noch dazu wird deutlich, dass es offenbar in mancher Beziehung eine ähnliche Problemlage in anderen Ländern gibt – zumindest hinsichtlich der von uns herangezogenen Literatur aus den USA und der Schweiz. Und: Viele Probleme überdauern die Zeit. Wahrscheinlich nehmen sie an Intensität zu, aber sie lassen sich doch über lange Zeiträume verfolgen und zurückverfolgen.

Ich greife hier allerdings – wie bereits festgestellt – nur diejenigen Fehler auf, die quasi existenzieller Art sind, die Tendenz zum Wuchern in sich tragen und gleichsam wie ein Krake Arbeitsergebnisse und Arbeitsverhalten umklammern, persönliches Engagement und Freude am Beruf zerstören können. Es sind Fehler, die das eigene Ansehen zerstören, zumindest aushöhlen können. Solche Fehler haben wenig mit all den anderen, den „normalen" Fehlern zu tun. Überwinden lassen sie sich dennoch! Nur: Oft ist viel Mühe erforderlich und manche von ihnen sollte man in der Tat gar nicht erst begehen.

Ich habe die hier relevanten Fehler in vier Gruppen eingeteilt.

Fehlergruppe 1:

Eindimensionalität im Denken und Handeln, gepaart mit dem Bedürfnis, möglichst alle Unsicherheiten auszuschalten

Fehlergruppe 2:

Unterricht ohne Schüler?

Fehlergruppe 3:

Abwertendes Verhalten gegenüber Kollegen

Fehlergruppe 4:

Zweifel an der Durchschaubarkeit von Schule und an der Verantwortlichkeit für die eigenen Fehler

Diese Gruppen von Fehlern werden nachfolgend etwas näher beschrieben, vor allem um „Hilfen zur Selbsthilfe" zu geben und einige Ideen für berechtigte Forderungen an andere zu entwickeln.

Eindimensionalität im Denken und Handeln und das Vermeiden von Unsicherheiten

Leider absolvieren viele Studenten die Lehrerausbildung in der Gewissheit, Unterricht verliefe irgendwie geradlinig. Das findet dann in sehr unterschiedlichen Erwartungen seinen Ausdruck: Der Unterricht könne nur so, wie man ihn geplant hatte, verlaufen. Die Schüler müssten genau die Leistungen – vielleicht etwas abgestuft – erbringen, die vorgesehen waren. Eigentlich dürfte auch kein Schüler den Unterricht stören. Die Schüler müssten bereitwillig Neugier auf den Stoff entwickeln. Sie müssten die Bewertung, die sie erhalten, widerspruchslos akzeptieren usw.

Eine solche Erwartungshaltung zeigt sich in höchst unterschiedlichen Erscheinungsformen und bezogen auf alle unterrichtlichen Dimensionen. Mit ihr seinen Anfang an der Schule meistern zu wollen ist ein fundamentaler Fehler.

FLODEN und CLARK gehören zu den wenigen (FLODEN/CLARK 1991, S. 191 ff.), die sich mit dieser Problematik befasst haben. Sie schreiben:

> „Offensichtlich und unausweichlich ist Unterrichten eine unsichere Angelegenheit. Kein Lehrer kann sicher sein, wie eine Stunde verlaufen oder was ein Schüler lernen wird. Niemand kann mit Sicherheit sagen, welche Art von Unterricht bei einer bestimmten Schülergruppe die erfolgreichste ist. Zufällige Beobachtungen aber auch systematische Forschung betonen beide die Bedeutung des Unsicherheitsfaktors im Denken und Fühlen von Lehrern. Besonders den Berufsneulingen macht dieser Faktor Schwierigkeiten."
> (DIES. 191, S. 191)

Unter der Überschrift „Überraschungsoffener Unterricht" wurde dieses Problem auch von MÜHLHAUSEN aufgegriffen (MÜHLHAUSEN 1994).

FLODEN und CLARK empfehlen, die Fähigkeit zur Reduktion von Unsicherheit zu entwickeln, ebenso aber auch, sich quasi in das Unvermeidliche zu fügen, das heißt, mit den großen und kleinen Unsicherheitsresten umgehen zu lernen und nicht durch die Entwicklung eines äußerst engen Sicherheitsbedürfnisses seine eigene Handlungsfähigkeit zu bremsen.

Sicherheit ist u. a. durch Routinen zu entwickeln. Klassenroutinen geben zum Beispiel dem Lehrer Gewissheit, wie eine Klasse beim Schreiben einer Arbeit, in Freiarbeitsphasen, beim Gang durch das Schulhaus usw. reagieren wird und entlasten damit.

Ein Mehr an Sicherheit und ein Abbau an Unsicherheit sind beispielsweise im stofflichen Bereich des Unterrichts dadurch zu erreichen, dass man nicht unbedingt zeitaufwändig und nervenstrapazierend bei jedem Thema all jene Gebiete vertieft, in denen man sich nicht sicher fühlt. Demgegenüber wäre es angemessener, genau auszuwählen, auf welchem Gebiet eine Vertiefung besonders wichtig ist und welcher Weg sich hierbei empfiehlt. Besonders jene Lehrer, die mehrere Fächer unterrichten und noch dazu fachfremd eingesetzt sind, sollten dies berücksichtigen.

Mit dieser Problematik sind wir bereits an die Grenze von „Routinen und Abbau von Unsicherheit" und in das Gebiet „Leben mit Unsicherheiten" und „Kultivieren von Flexibilität" gekommen (FLODEN/CLARK 1991, S. 191 ff.). Unsicherheiten lassen sich nicht ausrotten. Sie sind da und bringen sich ständig in Erinnerung. Das heißt nicht, dass alles in Schule und Unterricht nur unbestimmt und ungewiss ist. Es heißt nur, dass es viele Unsicherheiten gibt, die sich weder wegdenken noch wegreden lassen. Versucht man es dennoch, erleidet man Schiffbruch. Außerdem: Der Unterricht kann trist und langweilig werden. Für die Schüler allemal, aber auch für den jungen Lehrer selbst. Sich schon in den ersten Berufsjahren auf das pädagogische Altenteil einzustellen und dafür allen Enthusiasmus, alle großen und kleinen Erfolge im Beruf zu opfern – das wäre ein nicht wiedergutzumachender Fehler. „Unterrichten ist ... eine Kunst, seine Wirkung entsteht durch das Zusammenspiel von Erwartbarem und Überraschendem" (DIES., S. 200).

Unterricht ohne Schüler?

Zuweilen erleichtert es, den uralten Kalauer zu strapazieren: Schule wäre ganz schön, wenn nur die Schüler nicht wären. Aber „leider" gehören sie zur Schule wie die Lehrer auch. Insofern wäre es falsch, Unterricht zu konzipieren, ohne zu bedenken, dass dieser in der Tat ein zweiseitiger Prozess ist. Dass Schüler in den pädagogischen Theorien nicht immer hinreichend beachtet werden und in der Tat zuweilen der Eindruck entstehen könnte, dass Schüler zumindest etwas Randständiges sind, ist eine andere Frage.

In der Praxis begegnen dem jungen Lehrer oft Auffassungen, in denen die Schüler zwar beachtet und bedacht werden, aber eher von ihrer negativen Seite („Das ist eine extrem schwierige Klasse ...").

Die Schüler in der eigenen Unterrichtspraxis zu vernachlässigen oder sie vorrangig in ihrer störenden und die eigenen Pläne beeinträchtigenden Rolle zu sehen ist ein möglicher weiterer fundamentaler Fehler junger Lehrer. Dem gegenüber empfiehlt sich vor allem zweierlei: zum einen nach Möglichkeiten zu suchen, die **didaktische Kompetenz** von Schülern zu fördern und zu nutzen, und zum anderen, die Möglichkeiten von **Metaunterricht** einzusetzen.

Ich komme zuerst zur didaktischen Kompetenz: Wie kompetent Schüler sind, habe ich bereits an deren Einschätzung von Lehrern verdeutlicht. Schüler können dabei sehr verständnisvoll, aber auch äußerst gnadenlos sein. KLINGBERG

Teil II   Acht Kapitel zum gemächlichen Lesen

hat vor Jahren ein Modell entwickelt, das über den bereits genannten Aspekt hinausgeht und jungen Lehrern vielleicht hilfreich sein könnte. Es heißt bei ihm:

> „Unterricht als gemeinsame Tätigkeit von Lehrenden und Lernenden heißt:
> – Lehrende und Lernende **gestalten** Unterricht;
> – Lehrende und Lernende **entscheiden** im und über Unterricht;
> – Lehrende und Lernende **beurteilen** Unterricht.
> In allen drei eng miteinander verbundenen Bereichen entwickeln Lernende – spontan und unter dem Einfluss ihrer Lehrer – didaktische Kompetenzen, das heißt, sie sind ‚zuständig‘ für den Unterricht, erfüllen Pflichten, entscheiden mit und üben Verantwortung aus."
> (KLINGBERG 1990, S. 76)

All das passiert ständig, und zwar auch ohne das Zutun des Lehrers. In welcher Richtung das geschieht und mit welchen Wirkungen, gehört zu einem guten Teil zu dem an erster Stelle hier bereits genannten Bereich, dem der Unsicherheiten. Dennoch sind junge Lehrer gut beraten, wenn sie versuchen, die Unsicherheiten zu reduzieren – vorausgesetzt, die von mir angeführte Position zur didaktischen Kompetenz von Schülern wird akzeptiert.

Unsicherheiten zu reduzieren hieße zum Beispiel hinsichtlich der **Gestaltung,** einzelnen Schülern oder Schülergruppen Unterrichtssequenzen zu übertragen mit der Maßgabe, die Sequenz so aufzubereiten, dass die anderen Schüler

- den Stoff verstehen (durch Erklären, Erzählen, Visualisierung u. a. m.)
- sich nicht über Gebühr langweilen
- durch Teilaufgaben einbezogen und gefordert werden, wobei nach Möglichkeit eine ideenreiche Präsentation der erzielten Ergebnisse dazugehören sollte

Unabdingbar ist eine Limitierung der Zeit, die genutzt werden kann. Eine gewisse Großzügigkeit kann den Anfänger davor bewahren, in endlose Diskussionen darüber verwickelt zu werden, dass nicht genügend Zeit für eine bessere Bearbeitung der Sequenz zur Verfügung gestanden hätte.

Zu dieser unmittelbaren und aktiven Einbeziehung von Schülern in die Gestaltung von Unterricht kann auch das Übertragen von Verantwortung für die **Planung** des Unterrichts – auch längerfristig – hinzutreten.

Schülern fest umrissene Planungs- und Gestaltungsaufträge zu überantworten ist nicht vorrangig mit einer Entlastung des jungen Lehrers verbunden. Im Endeffekt schon, weil sich zum Beispiel die erworbene Selbstständigkeit der Schüler auszahlt, aber unmittelbar ist zunächst einmal viel Arbeit mit einem solchen Vorgehen verbunden. Der junge Lehrer muss sich vorher ein Bild davon machen, was an Unbestimmtheiten auftreten könnte – bis hin zu einer Notvariante für den Fall, dass alles schief ginge: dass die Schüler, die die Sequenz verantworten sollten, wenig getan und sich untereinander nicht abgestimmt hätten und der Rest der Klasse keine Lust zum Mitarbeiten gehabt hätte.

Das Bedeutsamste an diesem Vorhaben ist, dass die Schüler sich ernst genommen fühlen, erfahren, dass sie gebraucht werden, dass ihre Kompetenz gefragt ist. Viele Probleme im Umgang der Schüler mit dem Lehrer lassen sich auf diese Weise relativ gut lösen. Wunder sind nicht zu erwarten, aber kleine Fortschritte, die Lehrern und Schülern Freude und Erfolg bringen können. Vorausgesetzt: Es wird nicht nach einem missglückten Versuch das ganze Vorhaben sofort wieder aufgegeben.

Nimmt man das **Entscheiden** in den Blick, so lässt sich zunächst sagen: Die Schüler entscheiden immer mit über den Unterricht. Die Mühe und Vorbereitungsarbeit eines Lehrers kann noch so groß gewesen sein, er entscheidet nie allein über Verlauf, Grundstimmung und Ergebnisse des Unterrichts. Das ist wohl in verschiedenen Zusammenhängen schon deutlich geworden. Die Entscheidung kann auch hier wieder im Sinne des Lehrers erfolgen, aber auch gegen ihn. Also erneut: Unsicherheiten sind gegeben! Aber auch hier ist wieder möglich, sie abzubauen, das Quantum an Sicherheit etwas zu erhöhen. Das vor allem dadurch, dass Schülern ganz bewusst Entscheidungsspielräume gegeben werden, angefangen bei relativ unspektakulären Momenten wie zum Beispiel bei der Aufgabenauswahl, der Zeit für die Bearbeitung, der Wahl von Partnern, bis zur gemeinsamen Festlegung von Themen einer ganzen Unterrichtseinheit und den Möglichkeiten ihrer Bearbeitung. Das Realisieren von Projekten, wie es an den meisten Schulen praktiziert wird, kann hier quasi als Muster gelten.

Das **Beurteilen** von Unterricht, Lehrern, Mitschülern, Schule überhaupt, findet auch ohne Zutun des Lehrers statt. Auch hier kann ein Bewusstmachen viele positive Auswirkungen haben. Ungeachtet dessen werden die Schüler weiterhin großzügig Urteile abgeben, die dem einen oder anderen jungen Lehrer nicht gefallen werden. Verhindern lassen sie sich nicht. Auch hier gilt wieder: Die Unsicherheit lässt sich reduzieren – so man will und die Kraft dazu aufbringt! Das führt unmittelbar an den **zweiten** Problemkreis heran: die Möglichkeiten von Metaunterricht erkennen und einsetzen.

Mit der Problematik des Metaunterrichts hat sich WOLFGANG FICHTEN gründlich befasst (FICHTEN 1993, S. 44 ff. und S. 231 ff.). Er geht davon aus, dass sowohl Lehrer als auch Schüler eine jeweils spezifische Perspektive auf den Unterricht haben, allerdings *„werden die jeweiligen Sichtweisen kaum jemals aufgedeckt und thematisiert, geschweige denn, daß es zu einer Verständigung über sie kommt"* (EBENDA, S. 44). Der Mangel an Austausch und Verständigung führt zu Konflikten und Störungen. FICHTEN u. a. empfehlen deshalb, diese durch Metakommunikation zu beheben, also durch gemeinsames Sprechen über den Unterricht und das Handeln der Beteiligten. Es kann eine Verständigung über den Sinn des Unterrichts, die Absichten beider Seiten, die Lernstrategien der Schüler (die keineswegs mit den vom Lehrer vorgedachten identisch sein müssen), über Gewolltes und über Missverständnisse erfolgen. Die Gefahr besteht allerdings darin, sich in fruchtlosen Dauerdebatten gegenseitig zu erschöpfen. Aber es liegt ja am Lehrer, hier Einhalt zu gebieten. Am besten geschieht das durch die vorherige Verständigung mit den Schülern über zu beachtende Regeln und Rituale.

Abwertendes Verhalten gegenüber Kollegen?

Besser sein zu wollen als andere – das ist zuweilen ein verständliches Ziel. Wird es aber auf Kosten anderer realisiert, so ist das in einem Kollegium schon nicht mehr verständlich. Wenn Berufsanfängern so etwas passiert, ist das kaum mit Absicht verbunden, eher mit Gedankenlosigkeit und vielleicht mit der Erwartung, eigene Bestätigung zu erhalten („Sie sind ganz anders als Herr X oder Frau Y…"). Selbst wenn eine solche Bestätigung manchmal gut tun kann, ist auf die Dauer aber eher Ärger im Kollegium damit verbunden. Deshalb ist es besser, solche Schüleräußerungen freundlich, aber bestimmt zurückzuweisen. Die Schüler registrieren im Übrigen auch sehr genau (siehe meine Studentenbefragung), wie ein Lehrer in solch einem Fall reagiert. Noch verhängnisvoller für einen jungen Lehrer ist es, selbst abwertende Äußerungen über andere Kollegen von sich zu geben. Die „Post" funktioniert in solchen Fällen immer in einem Kollegium. Findet man nicht den geeigneten Weg, sich gegebenenfalls dann bei einem Kollegen zu entschuldigen, können die nächsten Wochen, Monate oder Jahre in diesem Kollegium sehr stressvoll verlaufen – milde ausgedrückt.

Über andere Kollegen (ob über junge oder über erfahrene) negativ zu urteilen oder sie gar lächerlich zu machen – das gehört in der Tat zu den richtig dummen Fehlern eines Berufsanfängers. Das wieder ins rechte Lot zu bekommen kann außerordentlich schwer sein.

Ist die Schule als Institution durchschaubar und bin ich für meine Fehler selbst verantwortlich?

Schulleiter merken an, dass junge Lehrer Schwierigkeiten haben, die Institution Schule zu durchschauen. Sie wissen zu wenig über die Fülle hier geltender Regelungen, über die Wege, die zu beschreiten sind, wenn man eine Forderung durchsetzen möchte, eine Auskunft oder einen Rat braucht, Kontakt zu anderen jungen Lehrern herstellen möchte usw. Manche resignieren dann oder ergehen sich in Beschimpfungen. CHERNISS, auf den ich bereits mehrfach verwiesen habe, hat in seinen Untersuchungen festgestellt, dass mangelnde Kenntnis der Institution Schule und die Unkenntnis über ihre Funktionen und wie man sich **verwaltungsgemäß** durchsetzt (CHERNISS 1999, S. 190 ff.), zu den Hauptproblemen junger Lehrer gehört. Sich nicht damit vertraut zu machen kann sich zu einem großen Fehler auswachsen, weil der junge Lehrer immer wieder an nicht erwartete Schranken und Handlungsbegrenzungen stößt. Außerdem kann man viel Zeit verlieren, wenn man sich nicht professionell, das heißt ausgestattet mit einem gewissen Maß an **Organisationshandeln**, bewegt.

Und schließlich: Für seine eigenen Fehler ist man selbst verantwortlich. Das heißt allerdings nicht, dass es ausgeschlossen wäre, zum Überwinden der Fehler Verbündete oder zumindest verständnisvolle Menschen zu suchen. Ganz im Gegenteil. In vielen Fällen wird es auch gar nicht anders gehen, es sei denn, man benötigt dringend das Allein-Durchkämpfen, um vor sich selbst wieder bestehen zu können.

Nur der Betroffene allein kann etwas verändern?

Dass dem nicht so ist, wurde eben verdeutlicht. Voraussetzung ist allerdings, sich zuallererst selbst mit dieser besonderen Sorte von Fehlern auseinander zusetzen. Erst wenn man selbst eine gewisse Strategie gefunden hat, sollten andere zu Rate gezogen werden. Wenn sich aber die Situation als völlig aussichtslos und verfahren darstellt, dann empfiehlt es sich, die schwierige Lage mit einem Vertrauten zu besprechen, zunächst die Fakten zu erörtern und zu ordnen und dann Meinungen zu erbitten und gegeneinander abzuwägen oder auch eine Supervision anzuregen. Vorschläge zur Überwindung der schwierigen Situation sollten sehr genau geprüft und mit den eigenen Vorstellungen und dem ansonsten üblichen eigenen Auftreten verglichen werden.

Wird ein Vorschlag aufgegriffen, der sowohl nicht mit der eigenen Persönlichkeit übereinstimmt als auch anderen „aufgesetzt" erscheint, wird unter Umständen der beabsichtigte Zweck nicht erreicht. Ansonsten müsste gerade das Problem von Fehlern in der Arbeit des Berufsanfängers eine große Rolle in der Fort- und Weiterbildung der Lehrer spielen – einer Fort- und Weiterbildung, die es bis jetzt noch gar nicht mit einem besonderen Zuschnitt auf junge Lehrer gibt. Da die PISA-Ergebnisse für Deutschland so ernüchternd waren und zugleich die Aus- und Weiterbildung bereits seit längerem debattiert wird und verändert werden soll, bestehen berechtigte Hoffnungen, dass die demnächst neu an die Schulen kommenden Lehrer in den Sog von wünschenswerten Veränderungen kommen werden. Aber junge Lehrer sollten auch selbst Engagement und Unduldsamkeit entwickeln, um neue Regelungen für die so genannte dritte Phase der Lehrerbildung durchzusetzen.

Ich helfe mir selbst, ich helfe anderen, andere helfen mir

Um einen solchen Dreischritt tun zu können, sollten Sie an folgenden Qualifikationen arbeiten:

Grundqualifikationen:

❶ Lernen, dass es unterschiedliche Fehler gibt, und den wirklich schwerwiegenden „dummen" Fehlern möglichst aus dem Weg gehen

❷ Lernen, dass hierzu praktische Erfahrung vonnöten ist, dass man aber ohne ein gewisses theoretisches Rüstzeug kaum vorankommt

❸ Lernen, dass auch schwerwiegende „dumme" Fehler – sofern sie trotz bester Absichten zustande kamen – häufig behoben werden können, aber mit Zeitaufwand, oft hohem Mitteleinsatz und gestützt auf andere Menschen

Aufbauqualifikationen

Lesen Sie! Gerade zu den hier benannten Problemen gibt es mittlerweile eine Fülle an differenzierten Darstellungen. Natürlich kaum bezogen auf junge Lehrer. Da ist noch manches zu tun. Aber Sie können vieles nach gründlicher Prüfung auf Ihre eigene Situation übertragen.

Kür

Wenn Sie etwas Zeit haben, dann schreiben Sie schwerwiegende „dumme" Fehler für sich selbst auf. Das Aufschreiben hilft ungemein.

Da jetzt der II. Teil des Buches abgeschlossen ist und ich damit das letzte „**Zum Nachdenken**" aufschreibe, kann ich wohl zum Schluss noch einmal klassisch kommen und GOETHE heranziehen:

> „Man lässt sich seine Mängel vorhalten, man lässt sich strafen, man leidet manches um ihrer willen mit Geduld; aber ungeduldig wird man, wenn man sie ablegen soll."
> (aus „Die Wahlverwandtschaften").

Literatur

CHERNISS, CARY: Jenseits von Burn-Out und Praxisschock. Hilfen für Menschen in lehrenden, helfenden und beratenden Berufen. Weinheim und Basel 1999

DREWS, URSULA: Zum dialektischen Charakter des Unterrichtsprozesses in der allgemeinbildenden Schule. Berlin 1983. Beiträge zur Pädagogik Bd. 30

DREWS, URSULA/FUHRMANN, ELISABETH: Fragen und Antworten zur Gestaltung einer guten Unterrichtsstunde. In: Drews, Ursula/Fuhrmann, Elisabeth/ Reich, Werner/Weck, Helmut: Ratschläge für Lehrer. Praktische Hilfen für den Unterricht. Köln 1988, 2. Auflage

FICHTEN, WOLFGANG: Unterricht aus Schülersicht. Die Schülerwahrnehmung von Unterricht als erziehungswissenschaftlicher Gegenstand und ihre Verarbeitung im Unterricht. Frankfurt am Main/Berlin/Bern/New York/Paris/ Wien 1993

FLODEN, ROBERT E./CLARK, CHRISTOPHER M.: Lehrerausbildung als Vorbereitung auf Unsicherheit. In: Terhart, Ewald (Hrsg.): Unterrichten als Beruf. Neuere amerikanische und englische Arbeiten zur Berufskultur und Berufsbiographie von Lehrern und Lehrerinnen. Reihe: Studien und Dokumentationen zur vergleichenden Bildungsforschung. Herausgegeben von Wolfgang Mitter. Deutsches Institut für Internationale Pädagogische Forschung. Bd. 50. Köln. Wien 1991

FROMM, MARTIN: Die Sicht der Schüler in der Pädagogik. Weinheim 1987

GROEBEN, ANNEMARIE VON DER (Hrsg.): Rituale in Schule und Unterricht. Hamburg 2000

KLINGBERG, LOTHAR: Lehrende und Lernende im Unterricht. Zu didaktischen Aspekten ihrer Positionen im Unterrichtsprozeß. Berlin 1990

MÜHLHAUSEN, ULF: Überraschungen im Unterricht – Situative Unterrichtsplanung. Weinheim und Basel 1994

Teil III
Zwei Kapitel zum Resümieren und Reüssieren

12. Resümieren des Textes? Das brauche ich doch nicht!

▶ Die wichtigsten Themen und Anliegen dieses Buches sollen jetzt „auf einen Blick" zusammengefasst, Gründe für die Wahl des Lehrerberufs und Gedanken zur Hilfe für Selbsthilfe damit verbunden werden. ◀

Bilanzen sind gar nicht so schlecht

Die meisten Menschen lesen.
 Ziemlich viel sogar.
 Nur: Die Zeit fehlt häufig, um darüber nachzudenken. Oder um sich damit kritisch auseinander zu setzen. Auch an Zeit, um darüber zu reden, mangelt es. Oft, weil andere auch keine Zeit haben. Vor allem diejenigen, an deren Meinung man interessiert wäre.
 Eigentlich schade!
 Dennoch sind Bilanzen, in welcher Form auch immer sie erfolgen, keineswegs schlecht. In der Wirtschaft geht es gar nicht anders. Es wird wohl auch kaum jemand über seine persönlichen Finanzen verfügen, ohne sie vorher bilanziert zu haben. Und das regelmäßig. Wenn jemand ein Haus bauen will, muss er bilanzieren und planen. Ebenso, wenn er in den Urlaub fahren will, ein großes Fest ausrichten möchte usw.
 Neben vielem anderen verhelfen Bilanzen zu persönlicher Sicherheit – man weiß, woran man ist – und zu einer überlegteren Planung der nächsten Schritte. Wenn Menschen sich zu einer „chaotischen" Lebensweise entschieden haben, wird das für sie natürlich keine Gültigkeit haben. Oder nur in minimalem Umfang und für ganz bestimmte Situationen. Doch das möchte ich jetzt außer Acht lassen.
 Ich komme zu diesem Buch und möchte Sie anregen, den Text oder Teile davon, doch hin und wieder zur Hand zu nehmen und zu Ihrer eigenen Situation in Beziehung zu setzen. Nachfolgend eine nochmalige Übersicht über die behandelten Hauptprobleme in den Kapiteln 4 bis 11, dem zentralen Teil von „Anfänge" (Abb. 1).

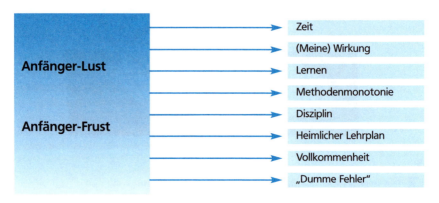

Abb. 1: Alles auf einen Blick

Prüfen Sie, welches der Probleme aus der Gesamtsicht heraus Ihre besondere Aufmerksamkeit in Ihrer Arbeit finden müsste und in welcher Weise. Dafür können Sie alles nutzen, was an direkten Anregungen in den einzelnen Kapiteln gegeben wurde. Es könnte aber sein, dass Sie diesen Anregungen innerhalb einer Gesamtsicht einen anderen Stellenwert geben möchten. Auch Ihre praktischen Erfahrungen könnten Sie dazu veranlassen.

Wenn Sie schon beim Bilanzieren sind, sollten Sie auch zusammenhängend über das Problem von Anfängen und über **Ihren** Anfang nochmals nachdenken. Das Problem wurde in diesem Buch unter vier Aspekten, und zwar vor allem in den Kapiteln 1 bis 3 abgehandelt (Abb. 2).

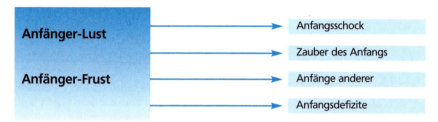

Abb. 2: Vier Aspekte des Anfangs

Mir war vor allem daran gelegen, in diesem Kontext auf den „Zauber" des Anfangs aufmerksam zu machen, ohne etwa die Schockerlebnisse und Enttäuschungen von Berufsanfängern zu verschweigen. Auch die Defizite und der Umgang mit ihnen scheinen mir wichtig zu sein. Aber über all dies können Sie an vielen Stellen nachlesen. Über den Zauber der Anfangs findet sich hingegen weniger – wenn man von einigen euphorischen Verherrlichungen des Lehrerberufs absieht, die es in der Geschichte gegeben hat und heute auch in Einzelfällen noch gibt.

Das wirft im Übrigen nochmals die Frage nach dem Motiv für die Wahl des Lehrerberufs auf. In einer unkonventionellen, humorvollen Schrift über diesen Beruf, einem Psychogramm, fand ich hierzu folgenden aufschlussreichen Text (BERGER/ESCHER 1994):

> „Warum nur entscheidet sich ein begabter, lebensfroher Mensch voll jugendlichen Elans und Idealismus freiwillig für diesen vertrackten Berufszweig? Ist es die krisenfeste Pension, sind es die geregelten Bezüge oder ist es der solide Beamtenstatus mit seinen beneidenswerten Rabattvorteilen in der KFZ-Versicherung? Reizen vielleicht die vielen Ferien, die freien Nachmittage und Klassenfahren und Wandertage? Richtig! Alles das sind natürlich triftige Gründe für die Wahl dieses Ausnahmeberufes, aber es gibt noch einige mehr."
> (EBENDA, S. 9)

Zugegeben, es handelt sich um eine etwas ironische Interpretation der Gründe für die Wahl dieses Berufes. Aber warum sollten nicht auch solche Darstellungen ihre Berechtigung haben?

Die „Auflösung" durch die Autoren erfolgt auf der Ebene „Idealisten wird es immer geben." Zum anderen findet sich eine Interpretation, der man selten begegnet und die ich Ihnen nicht vorenthalten möchte. Für die Autoren – und das ist nicht nur ironisch gemeint – ist der Beruf des Lehrers „eine der letzten wirklich großen beruflichen Herausforderungen" (EBENDA, S. 12), die es noch gibt: „Sein oder Nicht-Sein heißt es da, mittendrin ohne Netz und doppelten Boden. Keine Stunts, Regieklappen und zweite Versuche" (EBENDA)!

Die Frage ist, ob auch Sie sich mit einer solchen Sichtweise anfreunden könnten ...

Hilfe zur Selbsthilfe – gilt das auch für Lehrer?

Das berühmte Credo MARIA MONTESSORIS „Hilf mir, es selbst zu tun", von dem sie sich als Ärztin und Pädagogin bei der Erziehung von Kindern leiten ließ, hatte ich bereits in Kapitel 2 aufgegriffen und gefragt, weshalb dies eigentlich kaum für die Lehrer, vor allem für die noch in der Ausbildung befindlichen, Anwendung findet. Auch JANUSZ KORCZAK hat im Grunde ein ähnliches Konzept verfolgt und noch dazu unter schwierigsten Bedingungen.

Wenn man Pädagogik recht versteht, ist sie ja nichts anderes als dieses Hilfegeben zur Selbsthilfe. Anders kann sie nicht „funktionieren". Auch HENTIGS Auffassung, jungen Menschen zu helfen, erwachsen zu werden, ist im Grunde nichts anderes.

In viel umfassenderem Sinne, also weit über das Pädagogische hinaus, haben zahlreiche Organisationen und Einzelpersonen, die die Dritte Welt unterstützen, diesen Grundsatz übernommen, und versuchen, ihn mit Leben zu erfüllen.

Und wie ist es um die Pädagogik bestellt?

Trotz mancher neuer Ansätze der letzten Jahre in der ersten und zweiten Phase der Lehrerbildung, gibt es da noch viel zu tun, werden die Studenten und angehenden Lehrer in zu geringem Maße gefordert. Für die dritte Phase, die mit dem eigentlichen Berufseinstieg beginnt, erfolgt eine totale Umkehrung: Unterstützende Systeme, die dem jungen Lehrer „Hilfe zur Selbsthilfe" geben könnten, sind da nicht mehr oder kaum noch vorhanden. Darauf habe ich bereits verwiesen. Wie dringlich gerade in diesen ersten Berufsjahren eine professionelle Unterstützung ist, hat die TERHART-Kommission deutlich gemacht. Da es in Deutschland, zumindest im Westen der Republik, über Jahre nicht zu Einstellungen junger Lehrer kam, war das Problem der Unterstützung wohl auch nicht so dringlich. Doch jetzt verändert sich die Situation. Konzepte, unter Einbeziehung von Betroffenen, müssten im Grunde schnell auf den Tisch.

Literatur

BERGER, VIKTOR/FISCHER, CAREN: Lehrer & Lehrerinnen. Ein Psychogramm zum Schmunzeln. Berlin 1994

HEILAND, HELMUT: Maria Montessori. Reinbek bei Hamburg 1991

KORCZAK, JANUSZ: Das Recht des Kindes auf Achtung. Göttingen 1988

13. Reüssieren als mögliche Folge? Erfolgreich zu sein ist Pflicht?

▶ „Reüssieren" bedeutet Erfolg haben, zum Ziel gelangen. Was aber macht den Erfolg eines Lehrers aus? Lässt sich das überhaupt feststellen? Und wie ist das bei Berufsanfängern? Und wenn ein Anfänger keinen Erfolg hat – was macht er dann? Was spricht für Durchhalten, was dagegen und wie lässt sich der Preis dafür drücken? ◀

Zum Erfolg sind nur wenige geboren?

Zuzeiten sind Feldherren nach Hause geschickt worden, wenn sie keine Fortüne hatten – kein Glück und damit keinen Erfolg!

Wenn heute eine Fußballmannschaft über mehrere Spiele hinweg keine Punkte eingespielt hat, trennt sich der Verein von seinem Trainer. „In gegenseitigem Einvernehmen" kann man dann meist lesen. Zuweilen aber passiert das auch mit ziemlichem Krach und gegenseitigen Beschuldigungen.

Erfolglose Lehrer werden nicht nach Hause geschickt. Auch von erfolglosen Schülern trennt sich eine Schule in der Regel nicht. Die wichtigste Sanktionsmöglichkeit ist bis heute das Sitzenbleiben, was aber derzeit in seiner pädagogischen Funktion heiß umstritten ist. Glücklicherweise! Umschulungen, weil Leistungen und stärker noch das Verhalten nicht stimmen, gibt es auch. Aber höchst selten.

Sich von Lehrern zu trennen ist schwierig, weil die Kriterien für Erfolglosigkeit höchst kompliziert sind. Einen Schüler als erfolglos einzuschätzen – das ist leichter, als es für einen Lehrer zu tun. Nach meiner Auffassung ist es am zweckmäßigsten, wenn Lehrer selbst über ihren Erfolg und die Konsequenzen hieraus entscheiden. Also für sich selbst und vor sich selbst! Viele Probleme sind dennoch damit verbunden, zum Beispiel wenn immer mehr Lehrer für sich befinden, vorzeitig aus dem Schuldienst auszuscheiden. Und zwar sowohl vollbeschäftigte als auch teilzeitbeschäftigte Kolleginnen und Kollegen (siehe hierzu Kapitel 3).

Für junge Lehrer stellen sich die Fragen noch weitgehend anders. Sie dürfen nach meiner Auffassung gar nicht sofort an irgendwelchen Erfolgskriterien gemessen werden. Als Lehrer zu arbeiten beginnen – das muss von allen Beteiligten zunächst einmal als eine Chance begriffen werden:

- vom Berufseinsteiger selbst
  (Er kann einen wichtigen Beruf ergreifen. Nicht allen jungen Menschen ist das möglich.)

- von allen anderen, die damit zu tun haben – von der Gesellschaft in umfassendem Sinne bis hin zum Kollegium der Schule
  (Sie erhalten Verstärkung.)

Alle Seiten sind im Grunde verantwortlich, dass aus diesem Anfang etwas gemacht wird.

Das heißt, dass andere dem Berufsanfänger eine **gewisse** Zeit geben, sich einzuarbeiten, seine Probleme zu erkennen und zu lernen, damit umzugehen. Schonzeit also! Nach Möglichkeit.

Und der junge Lehrer selbst? Kann und darf er sich schonen? Ich fürchte, das wird kaum gehen. Oder zumindest nur bedingt. Er und andere – das sind durchaus zwei unterschiedliche Perspektiven. Natürlich soll er nicht Raubbau an sich selbst betreiben. Aber die erste Zeit an der Schule ist nun einmal eine harte Zeit. Das wurde mehrfach betont. Sie könnte für ihn weniger hart werden, wenn es gelänge, Reflexionen über sich und die eigene Arbeit so viel Zeit einzuräumen, wie man nur irgend aufbringen kann. Darauf bin ich bei den entsprechenden Problemkreisen immer wieder eingegangen.

Wie ist es nun um die „Naturtalente" unter den jungen Lehrern bestellt? Um diejenigen also, die die Pädagogik gleichsam im kleinen Finger haben? Ich denke, dass alle diejenigen, die das von sich sagen können, glücklich zu schätzen sind. Die Arbeit wird dadurch entscheidend erleichtert. Es sind aber nur wenige Berufseinsteiger, die das betrifft. Und Talent will gehegt und gepflegt sein. Insofern sind Lernen und Weiterlernen auf vielen Gebieten – vom Fach bis zum Verständnis von Ursachen für Disziplinprobleme – gerade auch für die Naturtalente unabdingbar.

Aufgeben oder durchhalten?

Wenn sich Misserfolge mehren, liegt der Gedanke zum Aufgeben nahe.

Günstiger wäre es jedoch, wenn ein junger Lehrer bereits vor dem eigentlichen Eintritt in den Schuldienst seine Entscheidung hätte begründet treffen können. Darauf haben sich in den letzten Jahren eine Reihe von Universitäten eingestellt, zum Beispiel die Universität Bielefeld und die Universität Potsdam. Diese (und einige andere) Universitäten bieten Studenten die Möglichkeit, noch im Verlauf des ersten Semesters zu entscheiden, ob sie sich in der Lage fühlen, ihr Lehramtsstudium fortzusetzen, ob sie weiterhin Lust darauf verspüren oder sich in ihrem Studienwunsch geirrt haben. Entscheidungsbegünstigend sind beispielsweise in Potsdam zweitägige Schul- und Unterrichtsbesuche pro Woche unter Begleitung über einen Zeitraum von zehn Wochen hinweg und ein zweistündiges theoretisches Begleitseminar pro Woche. Dieser feste Bestandteil des Potsdamer Modells der Lehrerbildung ermöglicht dem Studenten, Praxis aus neuer Sicht kennen zu lernen, sich darüber auszutauschen und beides – in Anfängen – theoriegeleitet zu tun (CARLHOFF/GAPPA 2001). Und: sich schon während des Studiums zu entscheiden.

Junge Lehrer, die nach diesem Modell studiert haben, verbinden gute Erfahrungen damit.

Ungeachtet dessen können natürlich auch diese „abgehärteten" und besonders geschulten Studenten in den ersten Jahren noch Misserfolge erleiden.

Ich hatte an anderer Stelle schon gesagt, dass jeder, der einmal gern Lehrer werden wollte und im Prinzip auch Lehrer bleiben möchte, selbst wenn er vielleicht zuzeiten manche Misserfolge hat, seinen Traum nicht begraben sollte. Das hat nichts mit Voluntarismus zu tun und mit „Durchhalten um jeden Preis" ebenfalls nichts.

Vor Entscheidungen sollte immer eine gründliche Analyse der Situation, ihrer Bedingungen und der zukünftigen Möglichkeiten stehen. Der institutionellen wie der eigenen Möglichkeiten.

Erst nach gründlicher Prüfung sollte eine Entscheidung gefällt werden.

Vor drohender Selbstzerstörung sollte jedoch eher das Aufgeben stehen.

Lässt sich der Preis für das Durchhalten drücken?

Entscheidet sich ein Lehrer für das Durchhalten – und das tun die meisten –, dann empfiehlt sich neben allem, worauf bereits unter sehr unterschiedlichen Gesichtspunkten aufmerksam gemacht wurde, all seine Defizite nochmals gründlich Revue passieren zu lassen. Aus Defiziten allein lässt sich selbstverständlich kein tragfähiges Lebens- und Überlebenskonzept gewinnen. Aber Bilanzen dieser Art können helfen:

● eine kritische Selbsteinschätzung zu gewinnen
● die einzelnen Defizite aufeinander zu beziehen und hierdurch auch zu relativieren
● an eigener Stärke und Selbstsicherheit zu gewinnen, schon weil man sich selbst zu einer ehrlichen Bilanz entschlossen und diese nicht mehr oder weniger anderen überlassen hat
● aus wenigen Defiziten wichtige Eckpunkte für die Weiterentwicklung seines Unterrichts, den eigenen Beitrag zur Schulentwicklung sowie den Umgang mit Schülern und Eltern zu gewinnen

Mit all dem sind wichtige, die eigene Person aktivierende Überlegungen verbunden, die helfen, sich mit den Kernproblemen seiner eigenen beruflichen Entwicklung zu befassen und nicht beispielsweise auf Nebenkriegsschauplätze abzudriften, denn mit Problemen ganz unterschiedlicher Art und Gewichtigkeit werden Sie immer zu tun haben. Dann feste Vorstellungen davon zu besitzen, was man sich vornehmen möchte – das könnte von großem Gewinn sein und selbstbestimmtes Handeln fördern.

Aber auch hier gilt wieder: Es wird immer ein Handeln unter Unsicherheiten sein, ein Handeln, das Flexibilität gleichzeitig erforderlich macht.

Zum Erfolg ohne Angst vor Stolpersteinen

Selbst wenn man die Aussage relativiert, dass ein Lehrer ohne Netz und doppelten Boden arbeiten muss, bleibt die Tatsache bestehen, dass dieser Beruf ein ziemlich schwieriger ist.

Greifen wir einige dieser Schwierigkeiten heraus und versuchen, Ansatzpunkte zu finden, wie man damit leben kann, ohne unentwegt darüber zu stolpern.

❶ An **erster** Stelle möchte ich nochmals die öffentliche Meinung über Lehrer und ihr Berufsleben anführen, zum Beispiel:

– Lehrer arbeiten nur ein paar Stunden am Tag, mittags gehen sie schon nach Hause und haben frei.

– Lehrer haben unverschämt viel Urlaub.

– Lehrer sind sozial total abgesichert.

– Wenn den Lehrern die Schüler zu viel werden, lassen sie sich krankschreiben und eröffnen in der Südsee eine Tauchschule.

– Lehrer verdienen mehr Geld, als sie eigentlich bekommen dürften usw.

Aber es ist auch zu hören und zu lesen: Einen solchen Job möchte ich heute nicht geschenkt bekommen.

Dennoch: Lehrer haben es nicht leicht, anerkannt zu werden.

Wenn auch in mancher der hier zusammengestellten Äußerungen hin und wieder ein Quäntchen Wahrheit enthalten ist oder die Feststellung auf den einen oder anderen Lehrer zutrifft, in der Summe gibt ein solches Bild kaum Wesen und Aufgaben des Lehrerberufs heute wieder.

Solche Meinungen sind nicht angenehm und gerade für einen jungen Lehrer schwer zu ertragen. Daran ändert auch die neuerliche und über die Medien verbreitete Erkenntnis wenig, dass Lehrer in Finnland, Japan, Neuseeland, Schweden, der Schweiz, Italien und in weiteren Ländern eine völlig andere Achtung und Akzeptanz genießen als in Deutschland. Es ist sicher an der Zeit, den Ursachen hierfür gründlich nachzugehen.

Mit geringerer Akzeptanz als Lehrer anderer Länder zu leben, stellt bestimmt eine Herausforderung für junge Lehrer dar. Will man sich ihr stellen, sollte man zum einen die eigenen Interessenvertreter mobilisieren. Ebenso bedeutsam ist aber auch die Tatsache, dass jeder engagierte junge Lehrer durch seine Arbeit das öffentliche Bild von Lehrern verändern, verbessern kann.

Teil III Zwei Kapitel zum Resümieren und Reüssieren

❷ An **zweiter** Stelle möchte ich die Selbstwahrnehmung von Lehrern nennen. Vor Jahren hat HILBERT MEYER darauf verwiesen, dass sich Lehrer – vor allem in den oberen Klassen des Gymnasiums – mitnichten als Lehrer bezeichnen, sondern eher als Historiker, Mathematiker, Künstler, Biologe usw.
Das lässt erahnen, wie unangenehm manchem Lehrer die Erwähnung des eigenen Berufsstandes sein muss.
Aber ist es denn rufschädigend, „nur" Lehrer zu sein?
Und dann gibt es ja auch noch die Abstufungen – von der Grundschule über die Hauptschule bis zum Gymnasium …
Wahrscheinlich ist das ein typisch deutsches Problem. In anderen Ländern wird das kaum diskutiert. Warum auch?
Es wäre wünschenswert, wenn junge Lehrer nicht in diese letztendlich rufschädigende Falle tappten!

❸ An **dritter** Stelle sei die Aufforderung nochmals bekräftigt: Lernen Sie unterrichten! Je besser Sie sind bzw. werden, umso weniger Angriffsfläche bieten Sie. In der Schule ohnehin. Aber auch darüber hinaus: Lehrer sind nun einmal von der Öffentlichkeit „beobachtete" Personen. Das, was sie können oder nicht können, wird eher und von mehr Menschen registriert als das, was ein Autoverkäufer oder eine Kosmetikerin tun.

❹ Zum **Vierten** möchte ich Sie dazu auffordern, sich sehr wohl an Schwerpunkten Ihrer Arbeit zu orientieren, aber mit einer gewissen Sensibilität auf weitere Probleme zu achten, die oft mit großer Selbstverständlichkeit unter Pädagogen betrachtet und gehandhabt werden, bis sie urplötzlich eine unerhörte Aufmerksamkeit auf sich ziehen und dann zu einem wirklichen Stolperstein werden können.
Eine solche Selbstverständlichkeit ist zum Beispiel der Umgang mit dem Lob in Schule und Unterricht. Normalerweise nimmt man an, ein Lob erfreue nun einmal jeden und auch jeden Schüler.
Weit gefehlt.
Ich habe vor Jahren die Janusköpfigkeit des Lobens in einer Grundschulklasse erlebt. Der Sachverhalt war folgender:
Janine hatte eine Zeichnung zurückbekommen, warf einen Blick darauf und zerriss ihre Zeichnung demonstrativ.
Die Lehrerin schaute fassungslos drein.
War Janines Zeichnung zu kritisch beurteilt worden?
Nein. Im Gegenteil:
Sie war gelobt worden.
Und genau das hatte Janine geärgert:
Das Lob der Lehrerin war nicht Janines Lob für sich selbst gewesen.

Die Zeichnung hatte sie sich förmlich abgerungen. Und, wie man so sagt, sie hatte kein gutes Gefühl dabei gehabt, als sie sie aus den Händen gab.
Und dann das Lob.
Ein anderer hatte über ihr Ergebnis anders verfügt, als sie für sich empfunden und entschieden hatte. Das war für Janine Verletzung, Kleinmachen, Erniedrigung.
Was für ein gescheites Kind! Janine hat im Grunde das ganze Dilemma pädagogischer Bewertung und Einschätzung transparent gemacht: Was ist, wenn Fremd- und Eigenbewertung nicht übereinstimmen? Nach der negativen Seite hin beschäftigt das Pädagoginnen und Pädagogen ja sehr häufig. Aber wer denkt schon darüber nach, ob so ein richtiges, schönes Lob kränkend wirken kann?
Sicher, es gibt Kinder (übrigens auch Erwachsene), die nach Lob lechzen, gleich, wofür sie es erhalten. Es gibt Kinder, die sich über ein Lob ganz normal freuen, weil es mit ihrer Selbsteinschätzung übereinstimmt. Aber es gibt eben auch die anderen Fälle und die anderen Kinder.

Mit meinen **„Anfängen"** bin ich jetzt am Ende. Ihre Anfänge stehen Ihnen noch bevor. Ich wünsche Ihnen eine glückliche Hand, so viel an Frustrationstoleranz, wie Sie brauchen werden, und: Denken Sie hin und wieder einmal an Hermann Hesse!

Literatur

Carlhoff, Gabriele/Grappa, Daniela: Auf den Spuren des Integrierten Eingangssemesters Primarstufe (IEP). Universität Potsdam 2001

Daschner, Peter/Drews, Ursula (Hrsg.): Kursbuch Referendariat. Weinheim und Basel 1998, 2. Auflage

studium kompakt
Orientierungshilfen für Pädagogen

Ursula Drews
Anfänge
Lust und Frust junger Lehrer
160 Seiten, Paperback
ISBN 3-589-21634-4

Gerhard Tulodziecki / Bardo Herzig
Computer & Internet im Unterricht
Medienpädagogische Grundlagen
und Beispiele
208 Seiten, Paperback
ISBN 3-589-21565-8

Hanna Kiper / Hilbert Meyer /
Wilhelm Topsch
Einführung in die Schulpädagogik
208 Seiten, Paperback
ISBN 3-589-21657-3

Rolf Arnold / Henning Pätzold
Schulpädagogik kompakt
Prüfungswissen auf den Punkt gebracht
208 Seiten, Paperback
ISBN 3-589-21377-9

Jürgen Diederich / Heinz-Elmar Tenorth
Theorie der Schule
Ein Studienbuch zu Geschichte, Funktionen
und Gestaltung
256 Seiten, Paperback
ISBN 3-589-21076-1

Horst Kretschmer / Joachim Stary
Schulpraktikum
Eine Orientierungshilfe zum Lernen und
Lehren
120 Seiten, Paperback
ISBN 3-589-21107-5

Arnim Kaiser / Ruth Kaiser
Studienbuch Pädagogik
Grund- und Prüfungswissen
10., überarbeitete Auflage
296 Seiten, Paperback
ISBN 3-589-21554-2

Wilfried Hendricks (Hrsg.)
**Neue Medien in der Sekundarstufe
I und II**
Didaktik, Unterrichtspraxis
208 Seiten, Paperback
ISBN 3-589-21249-7

Annette Scheunpflug
Biologische Grundlagen des Lernens
208 Seiten, Paperback
ISBN 3-589-21430-9

Meinert A. Meyer
Didaktik für das Gymnasium
Grundlagen und Perspektiven
256 Seiten, Paperback
ISBN 3-589-21410-4

Fragen Sie bitte
in Ihrer Buchhandlung!